物联网技术
在城市智慧停车中的应用研究

郭稳涛　著

北京理工大学出版社
BEIJING INSTITUTE OF TECHNOLOGY PRESS

版权专有 侵权必究

图书在版编目(CIP)数据

物联网技术在城市智慧停车中的应用研究 / 郭稳涛著. -- 北京：北京理工大学出版社，2023.11
ISBN 978-7-5682-5736-7

Ⅰ. ①物… Ⅱ. ①郭… Ⅲ. ①互联网络-应用-城市-存车-研究②智能技术-应用-城市-存车-研究 Ⅳ. ①U491.7-39

中国版本图书馆 CIP 数据核字(2018)第 109754 号

责任编辑：王美丽　　**文案编辑**：孟祥雪
责任校对：周瑞红　　**责任印制**：施胜娟

出版发行 / 北京理工大学出版社有限责任公司
社　　址 / 北京市丰台区四合庄路6号
邮　　编 / 100070
电　　话 / (010) 68914026（教材售后服务热线）
　　　　　 (010) 68944437（课件资源服务热线）
网　　址 / http://www.bitpress.com.cn

版 印 次 / 2023 年 11 月第 1 版第 1 次印刷
印　　刷 / 三河市华骏印务包装有限公司
开　　本 / 710 mm×1000 mm　1/16
印　　张 / 12.75
字　　数 / 240 千字
定　　价 / 65.00 元

图书出现印装质量问题，请拨打售后服务热线，负责调换

前　言

随着城市化进程加快、科学技术的发展以及人民生活水平的不断提高，居民的消费热情日益高涨，城市机动车数量急剧上升。在泊位资源严重不足的情况下，机动车仍以高出泊位供给增速数倍的比例发展，公共泊位缺口将越来越大，车辆停泊将越来越困难，道路拥堵将越来越严重。在寸土寸金的城市环境下，"停车难"正成为影响城市交通的重大问题。

"停车难"已经成为制约各大城市发展的"瓶颈"。一方面，机动车数量成倍增长，机动车总量远远超出现有规划的停车位数；另一方面，经常出现一部分停车场车满为患，另一部分停车场却处于空闲状态。这里面既有停车设施类型、布局不合理的客观条件，也有驾驶员驾驶习惯等主观因素的影响，除此之外，不可否认这一"奇怪"现象是由于相当数量的停车设施没有可靠的信息渠道向驾驶员提供停车资源信息，造成驾驶员不清楚环境所导致的。

在物联网的大趋势下，学术界开始研究智慧停车的应用。智慧停车是利用物联网和云计算技术，打破单个停车场智能系统的信息孤岛，实现无处不在的停车导航、车位预定、错时停车、在线支付等功能，以提高停车服务和管理水平。从整个行业来说，智慧停车将会遍及每个城市，智慧停车场也将取代传统停车场。车主停车的整个过程会更便捷，同时帮助车主减少相应开销。停车管理方能更省心、更高效地管理。政府也可以通过停车大数据进行监管、指导并推进城市静态交通建设。作为汽车后服务市场的最佳切入口，停车场和停车应用也将成为汽车相关服务的入口，为社会带来更多便捷和效益。本书正是基于此出发，兼顾理论与实践，深入研究物联网技术在城市智慧停车管理中的应用。

本书由湖南机电职业技术学院郭稳涛老师独立撰写，共分为四篇。第一篇为理念篇，包括第1~6章，主要阐述了研究背景、智慧停车的概念、智慧停车的总体框架、智慧停车的建设内容、停车资源管理系统建设、基于物联网的智能停车系统研究现状等；第二篇为技术篇，包括第7章，主要对射频识别技术、智能无线传感技术、地理信息系统（GIS）技术、数据库管理系统和网络通信技术等物联网智慧停车的关键技术展开论述；第三篇为应用篇，包括第8~9章，主要对基于物联网的智能停车诱导系统、基于物联网的智能停车缴费系统设计与实现展开研究和论述；第四篇为案例篇，包括第 10~12 章，重点列出了无锡物联网产业研究院、厦门科拓通讯技术股份有限公司、苏州易寻传感网络科技有限公司关于城市智慧停车设计的案例。本书编排思路清晰，由浅入深，具有可读性、知识性和系统性。

  由于编写时间仓促，加上作者水平有限，书中难免有疏漏和错误之处，敬请读者批评指正，不胜感激！

著 者

目　录

第一篇　理念篇

第1章　研究背景 ……………………………………………………（003）

　1.1　城市停车现状 ……………………………………………………（003）

　1.2　城市停车问题 ……………………………………………………（010）

　1.3　城市停车发展战略对策 …………………………………………（012）

　1.4　国内外停车场管理体系现状分析 ………………………………（015）

第2章　智慧停车的概念 ……………………………………………（018）

　2.1　国内停车场系统智慧停车的概念 ………………………………（018）

　2.2　智慧停车的机遇 …………………………………………………（018）

　2.3　智慧停车的功能 …………………………………………………（019）

　2.4　智慧停车的发展趋势 ……………………………………………（020）

第3章　智慧停车的总体框架 ………………………………………（022）

　3.1　总体思路 …………………………………………………………（022）

　3.2　总体架构 …………………………………………………………（022）

　3.3　服务对象 …………………………………………………………（023）

第4章　智慧停车的建设内容 ………………………………………（025）

　4.1　云端系统模块 ……………………………………………………（025）

　4.2　车场端管理 ………………………………………………………（026）

　4.3　手机客户端App/微信公众号平台 ………………………………（027）

　4.4　外部同步接口模块 ………………………………………………（028）

　4.5　双向引导模块 ……………………………………………………（028）

第 5 章 停车资源管理系统建设 ……………………………………（030）

- 5.1 系统设计原则 ……………………………………………（030）
- 5.2 系统技术架构 ……………………………………………（030）
- 5.3 系统功能架构 ……………………………………………（032）
- 5.4 系统部署架构 ……………………………………………（032）
- 5.5 智能停车场管理系统 ……………………………………（032）
- 5.6 停车场系统工作流程 ……………………………………（033）
- 5.7 停车场管理系统组成 ……………………………………（036）
- 5.8 系统软件模块 ……………………………………………（048）

第 6 章 基于物联网的智能停车系统研究现状 …………………（055）

- 6.1 物联网概念及特征 ………………………………………（055）
- 6.2 物联网的发展历程 ………………………………………（057）
- 6.3 物联网在国外研发、应用现状 …………………………（058）
- 6.4 物联网在国内研发、应用现状 …………………………（059）
- 6.5 智能停车管理系统研究现状 ……………………………（060）

第二篇 技术篇

第 7 章 物联网智慧停车的关键技术 ………………………………（065）

- 7.1 射频识别技术 ……………………………………………（065）
- 7.2 智能无线传感技术 ………………………………………（070）
- 7.3 地理信息系统（GIS）技术 ……………………………（078）
- 7.4 数据库管理系统 …………………………………………（082）
- 7.5 网络通信技术 ……………………………………………（088）

第三篇 应用篇

第 8 章 基于物联网的智能停车诱导系统 …………………………（109）

- 8.1 驾驶员出行过程及停车需求分析 ………………………（109）
- 8.2 智能停车诱导系统的框架和系统组成 …………………（110）
- 8.3 智能停车诱导系统原理 …………………………………（115）
- 8.4 基于停车位选择的停车行进路线优化技术研究 ………（116）

8.5 停车泊位预订技术研究 …… (120)
8.6 停车泊位信息的合理发布 …… (123)
8.7 停车信息的高效传输技术研究 …… (132)

第9章 基于物联网的智能停车缴费系统设计与实现 …… (135)
9.1 智能停车缴费系统需求分析 …… (135)
9.2 智能停车缴费系统架构与流程设计 …… (140)
9.3 智能停车缴费软件与数据库设计 …… (144)

| 第四篇 案例篇 |

第10章 无锡物联网产业研究院设计案例 …… (151)
10.1 背景 …… (151)
10.2 设计概述 …… (151)
10.3 系统设计 …… (154)
10.4 主要设备 …… (159)

第11章 厦门科拓通讯技术股份有限公司设计案例 …… (162)
11.1 背景 …… (162)
11.2 智慧停车场设计原则 …… (162)
11.3 智慧停车场功能 …… (164)
11.4 应用流程 …… (167)
11.5 系统方案及功能原理 …… (171)

第12章 苏州易寻传感网络科技有限公司设计案例 …… (175)
12.1 方案实施背景与意义 …… (175)
12.2 方案设计 …… (176)
12.3 系统功能 …… (185)

参考文献 …… (192)

第一篇
理 念 篇

第1章
研究背景

自改革开放以来,我国汽车的生产和社会保有量迅速增长。1998年,我国机动车保有量已达1360余万辆,其中轿车拥有量为400万辆左右。1994年,国家已把汽车行业列为我国的支柱产业来发展,因此今后汽车尤其是轿车的保有量仍会快速增长。

1.1 城市停车现状

1.1.1 停车场建设

1. 停车设施建设是汽车工业发展和社会发展的基本要求

汽车工业的发展必将对城市市政建设与管理产生重大影响。轿车迅速进入我国经济领城和人民生活,不仅造成城市道路拥挤、行车不畅,而且使城市停车难的问题日益尖锐。随着轿车进入家庭,居民住宅区停车问题也越来越突出。如无妥善对策,必然进一步挤占路面停车,从而导致交通恶性堵塞,对汽车工业的发展也将产生不利影响。停车问题和行车问题一样是世界各大都市都需要认真解决的问题。

城市停车难的问题已经引起各级管理部门的重视。建设部、公安部早在多年前就曾联合发文要求在城市建设中建造配套的停车场,但执行不力。建设部作为国家城市建设与管理的主管部门最近又明确提出:停车场建设是城市建设中的一项刻不容缓的任务,各地应根据实际情况制定优惠政策和地方法规鼓励停车场的建设,各地方领导应抓紧落实,为人民办实事。最近国家发改委也把"城市立体停车场"列为当前重点鼓励发展的建筑产品与技术之一。

一些大中城市如北京、上海、广州、深圳、成都、长沙等地出台了一些地方政策法规,以期促进停车场建设的健康发展。以北京市为例,1994年1月北京市人民政府颁布了《北京市大中型公共建筑停车场建设管理暂行规定》和《北京市大中型公共建筑停车场标准》,其中指出"凡在北京市区内建设下列大中型公共建筑，均须按规定配套建设停车场：建筑面积≥1 000 m² 的饭庄；建筑面积≥2 000 m² 的电影院；建筑面积≥5 000 m² 的旅馆、办公楼、商店、医院、剧院、体育场（馆）等公共建筑。现有停车场不符合本规定要求的，均应按照本规定逐步补建、扩建"。

最近，北京市进一步提高了居住区停车位指标：普通住宅 10 户 5 辆，商品房 1 户 1 辆，高档公寓、别墅 1 户 1.3 辆。这些指标将是今后审批居住区设计方案的重要依据，北京市的上述规定对解决停车难及交通管理问题将起到积极的作用，对其他各大中城市也具有指导示范意义。

2. 停车场现状

北京市机动车数量已从 10 年前的 40 万辆增长到目前的 140 万辆，另外，每天还有约 10 万辆外地进京车辆，现有停车场 400 处，停车位约 2.5 万个，占地却达 74 万平方米，停车难问题在一些地区已经比较突出。某小区是 1984 年获建设部住宅小区金牌奖的优秀小区，小区规划时曾设有 80 个停车位。随着家庭轿车的增多，目前居住有 1 884 户居民的小区已拥有汽车 400 余辆，汽车只得停放在路旁、绿地及边角处，居民很有意见。

广州市现有机动车 60 余万辆（未计每天 10 余万辆外地进城车辆），停车位也只有 2 万多个。大型建筑、商业区、住宅区很少有配套停车场。在其他一些大中城市也存在同样问题。

停车场的类型按其所强调的特征不同有多种分类方法，主要有：

（1）路上停车场/路外停车场（分别指设在道路路面上或路面以外的停车场）。

（2）地上停车场/地下停车场。

（3）平面停车场/立体停车场。

（4）自行式停车场/机械式停车场。

（5）公共停车场/非公共停车场等。

路上停车场（亦称路边停车场）虽然经济、方便，但它挤占道路、影响交通，甚至是引发交通阻塞的重要原因之一。根据对多种形式路边停车场的调查统计分析，路边停车场的车位平均占地面积为 16 m²/车位，将道路的行车功能转化为停车功能实为舍本逐末，是交通资源的一种浪费。随着城市车辆的增多，路边停车场应该逐步得到限制，尤其城市主要道路应当禁止。

常见的路外平面式停车场，使道路交通情况得到改善，其特点是管理简单且比较经济。但占地面积大，平均为 30~35 m²/车位。在寸土寸金的城市繁华地区、车站、影剧院、体育场（馆）等地并不适用。在居民住宅区，这种路外停车场同样占用住宅区用地，而且停车场附近居民因噪声、尾气污染及视觉等因素多有不满。以上两种是目前国内停车场的主要形式，占 98% 以上。

停车位需求是随着汽车的增长而不断增长的，开始是不断地扩大停车场面积，但因繁华地区土地面积越来越紧张而受到制约。随着现代科技的发展，自动化的立体机械停车场应运而生。机械式停车场以向空间和地下发展的优势，成为缓解城市停车难问题的一种较好方式。近年来，日本、韩国以及我国台湾省等广泛采用此种方式（在日本和我国台湾机械式停车场分别已占82%、95%），收到了较好的经济效益和社会效益。我国从20世纪80年代开始机械式停车场的研制，至今已有三四十家厂商、科研单位涉足这方面的研究开发，部分产品已在北京、上海、成都、石家庄、杭州等地使用。这些产品一般为参考国外样机设计制造或引进国外技术生产的。上海等地还从日本、韩国进口机械式停车场整机，但这些进口产品价格昂贵，不适合国情（海关总署已明确将自动化停车设备列入国内投资项目中不予免税的进口商品，以保护国内停车设备行业的发展）。

停车场建设必须向立体、机械等方向发展。其具体型式则应根据公共地、住宅区等使用特点的不同分别考虑。

机械式停车场种类繁多，机械式停车设备可分为升降横移式、竖直循环式、水平循环式、多层循环式、平面移动式、巷道堆垛式、垂直升降式（电梯式）和简单升降式8大类。机械式停车场的特点如下。

（1）占地面积小，空间利用率高。它可以使停放汽车所占的上、下、左、右间距尽量小，其空间利用率大大超过自行式停车场。每车位占地面积仅相当于自行式停车场的1/25～1/10。这是机械式停车设备的最大优点。

（2）形式灵活多样。既可独立建造，又可建于建筑物内，还可附属于建筑物建造；可建于地上，也可地下或半地下建造；可建成平面的，也可建成立体的；可建只有几个停车位的小型停车场，也可建成拥有上百个停车位的大中型停车场。

（3）节能和保护环境。汽车在停车场内一般无须自行或自行的距离很短，排放的废气很少。

（4）确保安全。机械式停车场的停车空间是闭锁的，外部人员不能自由进入，可以确保汽车的安全。车主还可免除汽车被风吹、日晒、剐蹭等烦恼。

（5）出入库管理简便。出入口少，而且一般都是自动化管理和操作，可以方便地掌握库存量、存车位置、存车时间和费用等情况。

（6）建设费用相对较高。一般每车位造价3万～15万元（进口设备价格更高一些），管理和维护人员的技术水平要求相应高些。

4. 公共区停车场建设特点

城市机动车停车位需求一般有3类：居住地的、工作地的和公共区的。停车位数量的预测与规划根据国外的经验应达到汽车数量的1.3倍，其中只有当市区的公共停车位达到机动车辆总数的15%～20%，才能缓解停车难的问题。我国城市人口密度大，建筑物密度也大，向空间和立体发展建设停车位是解决城市尤其是繁华地区停车难问题的有效途径。

新建、改建、扩建大型饭店、商场、体育场馆、影剧院、旅游场所、车站等公共建筑，都应按一定比例配建停车场，满足停车需要。停车位要求较多的公共区一般优先考虑建设自行式大规模立体停车场（有钢筋混凝土结构的，也有钢结构装配式的）。

钢筋混凝土结构的立体停车场容量大，建设费和维护费较低，但土地与空间的利用率也较低。每个车位的平均面积为 25~30 m^2。考虑到汽车的回转半径，一般当占地面积大于 610 m^2（或 22 m × 28 m）时方可考虑建这种停车场。层与层之间的斜坡车道有直线式或螺旋式的。4 层以下的自行式立体停车场，进出车时间较短，用户比较喜欢使用。北京首都国际机场新建的 5 层（地上 4 层地下 1 层）自行式钢筋混凝土结构停车场，占地面积 3.5 万 m^2，建筑面积 16.68 万 m^2，设计停车位 5 100 个。然而随着城市土地费用的大幅上涨，这种自行式停车场只征地费就是一笔可观的费用，其综合造价在一些城市已经达到 20 万元以上。

钢结构装配式停车场目前还鲜见于国内。其形式一般为双层式或三层式，以型钢和钢板组合装配而成，可以工厂化生产，施工周期短，迁移也比较方便。

建筑物的地下室甚至楼顶也可建停车场。

目前占地面积小的自动化立体机械停车设备将在各种公共场所越来越多地被采用。适合公共区的机械式停车设备类型比较多，主要取决于场地条件、地面面积、停车位数量需求等因素。根据国外经验，垂直升降式、竖直循环式、多层式、多层循环式等均可作为公共区的选择对象。

机械停车场从设置上可设于建筑物内，或附属于建筑物设置，也可独立建造。停车场设于建筑物内或附属于建筑物设置，多用于大型饭店、商场、影剧院、写字楼等一些车流量大而又缺乏停车场地的环境，一般建在主建筑的一角（周围的交通比较方便）。设于建筑物内时，须在该建筑设计时即做好规划；附属建筑物设置时，在已有建筑物外侧有 60 m^2 以上面积的可利用场地建造，因此非常适合现有建筑增建停车场。在设计时应特别注意其结构强度、隔声和防火要求。独立建造的停车场周围也应交通方便，结构牢固。它具有设计灵活、安全系数高等优点。

机械停车场可建于地上或半地上，也可建于地下。地上式为标准式，汽车的出入口在下部，结构比较简单；半地下式一般当受建筑物高度和宏观设计限制时采用，汽车从中部出入；地下式主要用于多层循环式和多层升降横移式停车场，汽车从上部出入。

5. 住宅区停车场建设特点

自 20 世纪 80 年代初至 90 年代中期，城市居住小区道路用地的下限已由 0.5~0.8 m^2/人提高到 2~3 m^2/人，新增面积中有因交通量提高而增加的道路面积，更有为机动车停放而增加的停车面积。在居住区用地本来就紧张的情况下，用地结构的这种变化显然不合理，路面停车用地的增长应该受到限制。住宅区停车场建设时一般应注意以下几点。

（1）住宅区的绿化、活动场地、宽畅的通道和安静的环境是居民所期望的，而废气或噪声则是大家所厌烦的。而车主又希望停车处离家越近越好，由车库至住宅的步行距离过远，易使车主对使用车库产生抵触情绪。一般认为停车步行距离（服务半径）不超过150 m为宜。因此，50车位以上自行式停车场，特别是停车和取车都要爬楼梯的多层自行式停车场不宜建在居住区，而应以"小型分散"作为建立住宅区内停车场的一般原则。

（2）住宅区停车场的周转率低，为1~2次/（车位·日），停车场饱和值为0.3左右。由于收费低、回收期长，故依靠商业性投资来解决停车场建设费用是很难实现的。对于新建住宅区，主要以配建并随住宅一起出售的方式解决；对于有空地的老住宅区，则可以通过车主集资等办法解决。

（3）小型机械式停车设备（地下的、半地下的或地上的）可以利用住宅周围的边角面积就近建造。废气排放量少，投资相对较低，防盗性较强，很适合住宅区使用。

（4）利用地下室作停车场也是住宅楼的选择之一。地下室停车能够腾出路面停车占用的开放空间，增加绿地面积，并消除视觉环境污染。但受底层面积的限制，一般仅限于居民汽车拥有率低于30%的多层住宅，或居民汽车拥有率低于100%的高层住宅。

6. 停车场配套措施

停车场的规划、建设、管理是城市建设的重要组成部分，需要城建、交管、公安、工商等多个部门协同配合，制定统一的政策法规，尽快建立有效的配套措施，推动城市停车场的建设。

（1）停车场建设应与城市规划和城市改造相结合，制定停车场建设的总体规划。停车场建设前应对其规模、服务对象、建设场所，以及停车场的类型、利用率、运营管理方式等方面进行可行性研究。

（2）严格执行建筑物、居住区配建停车场的政策，明确新建建筑物、居住区所产生的停车需要由该建筑物、居住区满足。

（3）严格限制路边停车场的发展，禁止在市区主要道路路边停车。提高路边停车场收费标准，使之高于路外停车场。从经济上鼓励停车者不使用路边停车场。

（4）多渠道筹措资金，建立停车场建设基金，调动各方参与停车场建设，让投资者、经营者有适当的收益。参照国外的做法，基金筹措渠道可以考虑：

①新老建筑物停车场配建不足收取建设差额费；

②路边停车场的部分收费；

③违章停车罚款的大部分；

④汽车销售收入中停车场建设附加费；

⑤政府的其他政策补助等。

1.1.2 停车场管理

1. 停车管理现状

当道路相对动态交通来说比较充足时，可以将车辆停放在路内。但是纵观我国一些大城市如北京、天津、上海、广州等，各城市的机动车辆数量都较大，不仅动态交通问题突出，停车问题也比较突出，停车场的供需比例不协调，停车行为混乱，对道路交通的阻塞较为严重。尽管近几年来，各大城市都十分重视停车场的建设，但是问题依然存在并且没有得到根本性的解决，其根本的原因在于各大城市对自己本身所面临的停车问题认识不足，管理不力，只有在某处出现了问题时才采取相应的暂时性的措施，而没有提出一项长期性的发展管理策略。

从近几年来看，深圳的停车管理处于全国的先列，尤其是对路内停车。在总结全国经验的基础上，提出了有偿使用政府资源的观点，对城市路内停车进行一定的收费；在管理方式上，采用了集中统一管理的方式。1997年10月1日实行的《深圳市道路停车管理和收费项目实施方案》中，规定了政府资源的主管部门是市财政局，负责对停车收费项目的经营、开发进行监管、指导，并由其授权专营企业对深圳道路停车从事经营管理。同时，明确市交通管理局负责对收费管理进行监督、指导、执法，并根据业务发展需要规划停车路段。由于明确了收费主体和收费管理机构，因此从根本上解决了多头收费、乱收费等管理混乱的状况。根据这一实施方案，深圳成立了城市道路停车临时占道费征收管理办公室。

根据1997年公安部与建设部联合进行的部分大城市停车场发展规划、政策及管理调研成果与其他相关资料，可总结出我国大城市停车管理现状。

（1）停车设施缺乏：各个城市机动车与停车位的比值相差较大，最大为31辆/停车位，有的为2~3辆/停车位，所有调查城市的平均数为4.84辆/停车位。

（2）非法停车情况严重：从调查可以得知，调查的城市中心区非法停车情况比较严重，调查城市的中心区合法停车位与非法停车位的平均比为3.20:1，其中广州为1.53:1，长沙为1.44:1。这些数据表明，在我国大城市中，在有限的停车位中，非法停车位占了相当大的比重，调查的部分城市中，每4个停车位就有1个非法的停车位。如何充分提高停车场的建设积极性，大量提供合理合法的停车位，避免非法停车位的出现，就成为停车管理中需要处理的问题。

（3）对停车行为的管理不力，主要表现在路内停车的时间较长。路内停车作为一种对路外停车的积极性的补充，其设置需要保证不对路外停车场的经营造成很大的影响，同时要保证路内停车的停车时间比较短，切实做到路内停车满足短时停车之需要。

但是从调查的城市来看，路内停车占用机动车道的平均停放时间处于30~240min不等，平均值为86min；占用非机动车道的平均停放时间为53min，占用人行道的车辆平均停放时间为114min。根据作者对北京东城区的某一条道路占路停车所做的调查，其平均停车时间为50min。从这些数据来看，路内停车的停车时间太长是我国大城市停车的一个十分显著的特点。这其中除了我国路外停车场的停车位缺乏之外，还包括驾驶员时间意识比较淡泊、停车收费标准过低、存在路内路外停车收费，倒挂现象等原因。因此，在停车管理模式中，应该避免这些现象的发生，应该充分发挥路内停车对路外停车所起的补充作用，让路内停车的停车时间保持在合理的范围之内。

2. 停车管理规定与政策

综合全国的情况来看，在停车管理方面有以下规定：

1986年，国务院正式发布了《关于改革道路交通管理体制的通知》，明确了公安机关对全国城乡道路的交通管理权限以及管理职责，在城市交通管理中，停车管理纳入了道路交通管理的范畴，作为道路交通管理的一个重要部分。

1988年3月，国务院颁布了《中华人民共和国道路交通管理条例》，进一步明确了公安机关管理停车的职责，并对车辆停放做出了相应的规定。

1988年10月，公安部会同建设部制定了《停车场建设和管理暂行规定》及《停车场规划设计规则（试行）》。以此作为依据，各地结合自身的具体情况，分别制定了地方性停车场建设和管理法规，包括上海、天津、陕西、杭州、福州、济南、成都、长沙、沈阳、厦门、哈尔滨、深圳、汕头以及广州等城市。使停车场的规划、建设和管理工作初步走上了法制化、规范化的轨道。这样，全国基本上形成了一套从中央到地方的停车管理初步法规体系。

以上形成的停车管理法规体系，主要明确了以下几方面的基本内容：

（1）关于停车场的管理机构及其职责。明确了公安交通管理部门是停车场管理的主管机关。

（2）关于停车场的规划与建设。明确了停车场的规划与建设必须符合城市规划和保障道路交通安全畅通的要求；设计方案须经公安交通管理部门和城市规划部门的审核批准；停车场建成后，须经公安交通管理部门验收，合格才准使用。

（3）关于配建停车场的要求。明确了城市新建、改建、扩建工程，必须按规定配建、增建、补建停车场，并在建成后不得任意停用或改变其使用性质。

（4）关于停车场建设补偿费。明确了按规定应补建和增建停车场确有困难的，必须缴纳停车场建设补偿费用，用于公共停车场建设。

（5）关于路内停车场的设置与管理。明确了路内停车场的设置由公安交通管理部门审批或会同城市建设部门审批，并由公安交通管理部门统一管理。

（6）关于鼓励民间投资兴建公共停车场。明确了鼓励单位和个人投资公共停车场建设的优惠待遇。

（7）关于自备停车位。明确了新增机动车辆，必须备有（拥有或长期租用）

停车位,否则,公安交通管理部门不予核发车辆牌照。

(8) 关于法律责任。明确了对停车场在建设和管理中违法行为的处罚措施。

(9) 明确了对机动车辆违反停放规定行为的处罚措施。

3. 停车管理问题

根据有关调查研究,我国大城市在停车管理上存在以下主要问题:

(1) 对停车场的地位及作用认识不足,没将停车场建设的经营效益与其他相关的间接效益(如商场的营业收入的增长、房地产价格的上涨等)联系起来,其建设地位有待进一步改善,建设资金投入量进一步增加。

(2) 各种停车管理目的以及政策不明确,尤其是在城市中心区停车管理及政策方面。

(3) 建筑物配建指标落后于现实需求。

(4) 各城市对停车规定执行、监督管理及解释单位不统一。

(5) 对违规者的处罚措施不力、执法不严或者缺乏相应的处罚条例细则。

(6) 先进停车设施的供应比较缺乏,即使具有,运营管理中也出现了各种问题。如北京自从 1998 年来,相继在一些允许停车的路段上安装了停车收费咪表,但是在停车收费时出现了各种问题如缺乏相应的配套服务、停车缴费监管水平不高或者不力。

(7) 停车收费政策不能适应形势的需要。

综上所述,城市停车场的规划、建设、管理是城市建设的重要组成部分,是汽车工业发展和社会发展的基本要求。应结合国情,科学规划,多种形式并举,并逐步向机械、立体的方向发展。未来数年机械型和自行型立体停车场将会在大中城市取得快速发展,因为大中城市停车难、乱停车、交通堵塞等问题已是社会关注的热点。另外,由于城市用地的日渐紧张、地价上涨、老城区空地极少等诸多因素,发展建设立体停车场是必然趋势。

1.2 城市停车问题

1.2.1 占路停车现象突出

目前,我国城市停车场建设速度远远不能适应汽车保有量的增长,停车泊位数量少,停车配建标准起点偏低,不少配建指标不能完全落实,造成不断增长的停车需求与有限的停车供给之间的矛盾日益突出。

国外经验表明,当市区公共停车场泊位数达到全市机动车总数的 15% ~20% 时,才能缓解城市停车问题,我国大城市远远达不到这一指标。据有关研究显示，城市中每增加一辆注册车辆，应增加 1.2~1.5 个停车泊位。以天津为例，天津中心城区机动车保有量约 32.5 万辆（标准小汽车），但只有停车场 1 140 处，停车泊位 4.93 万个，停车场数量少、停车泊位严重不足。其他城市也普遍存在这种情况，我国大城市停车泊位数量远远不能满足停车需求。

城市停车设施的严重短缺，必然导致车辆占路停放、侵占绿地和居民休憩用地停放情况的发生。不仅直接影响动态交通秩序，造成交通拥挤和堵塞，而且也容易引发交通事故。

1.2.2 停车收费标准混乱

我国大城市停车收费标准混乱，价格偏低。停车收费是控制停车时间、调节泊位供求关系的一种有效手段，但从我国大城市停车收费结构和标准来看，并没有起到这样的作用，没有形成利用价格机制来调节停车需求远大于供给的局面。

停车收费结构不合理，没有体现不同区位、不同停车类型和不同时段停车价格的差别，也没有拉开停车时间长短的收费差异。停车收费价格偏低，偏低的收费价格不仅使现有停车场不能很好地发挥作用，而且也降低了现有停车泊位的周转率，特别是路边停车收费往往低于路外停车，造成路外停车场闲置，抑制了停车场产业的发展，加剧了停车场地的紧张状况。

1.2.3 停车管理比较落后

首先，停车管理体制不完善。我国城市停车管理至今还没有统一的模式，管理上普遍存在多头管理、机构混乱的现象，表现为管理部门繁多，各相关部门因分工不明确，缺乏协调，导致出现管理混乱、各自为政、监管不力的局面。其次，城市停车管理技术含量低。停车管理手段的落后，制约了停车场效能的发挥。目前，我国城市停车场多为人工管理，标志、标线不齐全，缺乏先进的停车管理设备。

1.2.4 停车法规相对滞后

为了加强对我国城市停车设施规划、建设、管理工作的规范与指导，1988年公安部和建设部联合颁发了《停车场建设和管理暂行规定》（简称《暂行规定》）及《停车场规划设计规则》。《暂行规定》主要存在的问题是涉及的内容不全面、停车设施的配建标准偏低。随着市场经济的发展，未能及时调整，致使停车问题越来越突出。目前，现有停车规范颁布的年代久远，已不能适应城市发展的需要，同时停车相关技术标准和管理规范需要进一步完善。修订现有相关规范的不足，形成涉及停车规划、建设与管理的综合性法规已刻不容缓。

1.2.5 停车产业化步伐滞后

在西方国家，停车产业一直以投资回报稳定、风险小而受到社会剩余资本的青睐。在我国停车产业还是个新兴的产业，实际运作的经验少。作为城市基础设施的停车场，具有一定的公益性，应得到政府的扶持，但由于政策不明确，从而无法吸引社会对停车设施的投入，制约了停车产业的发展。

1.2.6 缺乏科学的停车规划

现有停车场规划与设计存在一定问题，停车场规划没有得到充分重视，停车场用地常常无法得到保证，规划上对前瞻性、系统性和可操作性考虑不足，难以指导城市停车场的建设和发展。城市缺乏科学的停车场规划，对合理分散停车需求、解决供需矛盾十分不利。

1.3 城市停车发展战略对策

1.3.1 提高认识，更新观念

城市决策者应充分重视、科学规划、建设、管理和经营城市停车场，制定较为彻底的解决停车问题的发展战略。因此，决策者应提高认识，更新观念，才能有助于更好地解决城市停车问题。

积极倡导"购车有位、停车入位、停车设施有偿使用"的现代城市交通意识，为进一步加强停车管理，改善城市整体交通环境奠定良好的社会基础。

1.3.2 政策引导、法规规范

（1）推行停车产业化政策，促进停车场的建设和发展。

停车场不可能完全由政府进行投资建设，应将停车产业化，这既符合我国当前扩大内需、增加基础设施投资的发展方向，同时也是解决城市"停车难"的有效手段之一。

制定投资停车场建设的优惠政策。停车场建设具有投资数额大、收益小、投资回报低、回收期限长等问题。政府应制定一系列有利于停车场建设的合理投资优惠政策，如少征土地出让金、提供政府贴息贷款、减免市政配套费等，鼓励和引导民间资金的参与。

建设多元化和市场化的投资体制。按照"谁投资、谁管理、谁受益"的原则把停车场建设和管理推向市场。积极引导社会各界，多渠道、多形式地参与城市停车场建设，解决投资体制单一、资金严重短缺的问题。

（2）加大停车配套立法研究。

针对我国目前的停车现状，积极进行城市停车问题的调查研究，将管理机构、配建标准等重要内容进行专门立法，促进城市停车问题的早日解决，适应城市经济的可持续发展。

（3）建立健全停车管理的法律法规。

加紧制定适应停车形势发展需要的法规和规章，对停车场规划、建设、审批、验收、经营、管理，对停车收费标准、收缴、分配、使用，对公共建筑和居民小区配建停车场标准，对停车管理的执法主体、经营管理主体、停车设施使用者的权利和义务，对各种违法停车行为的处罚等要做出明确的规定，使停车规划、建设、管理、经营做到有法可依，促进城市停车的良性发展。

1.3.3　停车需求管理

车辆停放不仅是交通问题，也是土地利用问题。各种停车场及停车设施作为土地利用的一种类型，一方面满足停车需求，另一方面也是产生停车需求的来源之一。新建的停车设施会诱发新的停车需求，而停车需求量总是倾向于超过停车供给量。城市土地有限，不可能完全满足停车需求，所以有必要对城市停车需求做进一步的深入研究，进行适当的抑制。

（1）控制城市中心区的停车供应总量，减少中心区交通压力。

对于特大城市来说，可借鉴上海市"防止中心区停车供给过度"的做法，在城市中心区的边缘建设大量停车场，而在城市中心区限制停车泊位数，保持一种低水平的供需平衡。通过建立方便舒适、配套完善的停车换乘枢纽，提供低费用的停车设施，调控城市不同区域停车供求关系，使车辆使用者选择在城市的边缘停放车辆，而后乘坐公共交通工具进入城市中心区，从而起到优化和调节城市交通流量的作用，缓解城市中心区的停车拥挤和交通压力。

（2）运用收费价格调节停车需求。

通过合理的停车收费能更好地利用道路资源、停车设施资源，解决停车供需矛盾。国内外城市停车管理的经验表明，制定合理的收费标准，对缓解停车难、形成良性循环的停车市场有着积极的作用。

停车收费标准应体现出地段差异、停车需求量大小和停车设施的优劣，并逐步调整。如市中心区的收费高于其他地区；路边收费高于路外；可达性高的收费高于可达性低的；干路的路边收费高于支路收费；对商业中心、车站的停车实施时段累进收费和限时停放政策，加快停车位的周转率。在确定路边停车收费价格时，应以调控为主，充分发挥路边短时停车的作用。

1.3.4　完善城市停车场发展规划

城市停车场规划应纳入城市总体规划和城市交通规划的范畴，制订近期、中期和远期规划，确保停车场规划满足可持续发展的要求。

停车场规划应服从城市规划的整体布局，同时考虑选址的合理性和结构的协调。依据停车需求量和城市路网结构确定停车场选址。车辆增长会增加停车需求，应预留部分用地，增强停车场规划的弹性，并适当调整配建停车指标。

不断研究停车场内部停车设施并进行应用，提高停车科学化管理水平。

根据道路、交通工具类型及使用者特性，将大中小型停车场配套建设，将路边停车场、路外停车场、地下停车库、停车楼和机械式停车结合起来，形成合理的停车结构比例。一般是路边停车场车位占30%~50%，路外公共停车场（库）车位占12%~20%，配建停车场（库）车位占75%~85%。

总之，解决大城市的停车问题，必须将停车规划作为城市发展规划中的一个重要组成部分，远近结合，注重实效，促进停车场规划、建设、管理的健康发展。

1.3.5　改善管理机制，提高管理水平

（1）调整停车管理机构，组建单一的停车主管部门。

调整应在现有管理机制的基础上保持一定的连续性和稳定性，调整后的部门结构简洁，职能明晰，主要管理职能应统一于一个管理机构，并有一定的约束机制。

（2）采用先进设备和技术，提高科学化管理水平。

在停车泊位利用方面，通过准确、及时和灵活机动的停车诱导信息系统对停车进行实时管理，向驾驶员提供停车场位置或名称、去停车场的方向或路线以及停车场内停车泊位利用情况，方便车辆出行和停放，实现智能化停车管理。

在停车诱导信息系统建设前期可设立有关信息发布设施，如路边可变情报板、停车场入口可变显示牌、交通广播、Internet查询终端等。远期利用GIS结合车载导航系统发布信息，发布信息内容包括停车场位置、泊位数和占用情况、服务半径内路网服务水平及交通状况、周边服务设施分布情况及预约服务信息等。

采用停车计时咪表对路边停车进行管理，运用不停车自动管理系统对进出停车场的车辆进行管理，充分利用机械式立体车库管理停车，等等，不断提高停车管理水平。

1.4 国内外停车场管理体系现状分析

伴随着改革开放的深入发展，国内的城市交通机动化进程加快，停车问题日益严重，它既影响动态交通的正常运作，又给人们的工作和生活带来影响。因此，正确处理好车辆停放的问题，对解决道路交通拥堵、减少交通事故、提高道路通行能力等都有非常重要的意义。

从世界范围来看，停车问题的解决并不是简单地依靠增加供给来实现的，停车规划管理不能一味地提高停车配建指标，它是一个需要考虑各种影响因素的系统工程。由于停车空间不足以及停车信息不畅，带来寻找停车位的绕行，从而增加额外的交通流量并可能导致绕行期间驾驶员由于焦虑等因素带来的不安全驾驶。而且，城市中有限的土地并不允许无限制的停车设施供给，特别是对于 CBD（Central Business District，商业中心区）或人口稠密地区。因此，停车规划管理中的管理策略就显得特别重要，只有合理规划，有效管理，才能有效解决停车问题。

1.4.1 国外停车场系统

不同国家针对自身的机动化战略、交通方式结构、人口密度和建设用地的集约程度的特点，各自采取不同的停车场发展策略。目前，发达国家城市已从追求停车设施供需平衡转向大力加强交通需求管理，通过调控停车行为来改变出行行为，进而维持停车设施的供需平衡，以及停车与土地利用、道路交通和社会关系的协调，发达国家在停车场方面的发展实践是值得总结和借鉴的。

1. 美国城市

美国采取"鼓励型"机动化发展方式，目前美国的人均小汽车拥有率在 800 辆/千人左右。随着城市机动化交通的发展，美国城市的停车场系统发展历经三个阶段：20 世纪 50 年代以前，交通机动化水平不高，主要通过动态设置路内停车和增建路外停车设施来解决停车问题；20 世纪 50 年代到 70 时代，随着机动化水平快速提高，中心区交通"两难"（即行车难、停车难）问题出现，开始通过控制路内停车、提高路外停车设施供应以及采取收费措施来解决中心区的停车问题，缓解中心区的交通拥堵状况；20 世纪 70 年代以后，机动化处于稳定的发展阶段，政府对停车场的认识由"越多越好"转变为"控制和管理"。目前，美国城市停车场已由"扩大供给"走向"需求管理"，将停车场系统管理作为城市交通需求管理的一个主要手段，探讨不同的停车政策对人们出行行为的影响。

2. 欧洲城市

欧洲国家多在城市中心区限制车位供应，并对停车系统进行严格管理。目前这些城市的人均小汽车拥有率一般在 500 辆/千人左右。欧洲大城市为了缓解小汽车迅速发展带来的交通"两难"问题，将需求管理作为解决城市交通压力的主要手段，加强停车需求管理。主要包括：限制路内停车，有偿使用路内停车位，提高道路利用效率。如推动咪表（又称自动停车收费设施）的设置，促进合法停车，规范路内停车行为；对建筑物提出配建停车位指标标准，并采用税制优惠等经济政策鼓励其对外开放；大力发展智能停车诱导系统，在停车费率上，由采用"均一费率"转向"时间累进制"来调节停车供需关系的时空分布，变"禁"为"导"，有效管理，缓解了城市停车问题。

经过多年的发展，目前西方发达国家的停车场系统已进入智能化无人收费的阶段，停车场的智能化建设和管理系统的应用相对成熟，因此国外停车场系统智能化程度高，停车管理方便快捷，功能更加丰富。

1.4.2 国内停车场系统

我国从 20 世纪 80 年代中期开始关注城市停车问题，目前我国很多城市正处在机动化和城市化同时加速发展的背景条件下，"两难"问题已经成为制约城市整体协调、可持续发展的"瓶颈"。城市停车场管理处于比较分散的管理状态，虽然出台了很多相关政策调整管理策略，但是研究不够深入，变"禁"和"罚"为"导"的理念还不够深入，管理水平较低。

1. 香港特区

截至 2011 年年底，我国香港共有机动车 63 万辆，比 2010 年年底增加 22 485 辆，增长了 6.3%，私家车增加了 19 877 辆，截至 2011 年年底，香港领牌私家车总数为 434 843 辆，占全部领牌机动车总量的 69%，每千人私人小汽车数为 61 辆。香港特区在停车发展方面，采取"限制型"政策。并在此基础上于 1995 年完成了"停车需求研究"的专题研究报告，且根据不同发展时期的基础停车设施及未来发展需求，对不同时期的整个停车场系统的长期发展提出了建议并制定策略，融合到整体管理之中。

2. 广州市

至 2008 年，广州市机动车拥有量达 83.6 万辆，停车设施 1 885 个，泊位总量 20 万个，供应和需求处于失衡状况。针对停车问题，广州市采取以配建为主体，路外公共停车设施为辅助，路内停车设施为必要补充的停车供给策略，逐步建立合理的收费机制，健全管理机制，推动停车发展走向社会化、产业化道路，实现停车与社会经济的协调发展。广州市在停车管理方面做了积极探索，提出结合路网容量的限制，分阶段实现停车管理的策略。在 2010 年前，控制需求与适度供应并重，适当放慢停车设施建设速度，实施需求管理。2010 年以后，以控制需求为主，持续实施需求管理政策，实现高水平的停车供需平衡。

国内停车场管理系统是随着公用停车场的大量出现而产生的。它是一个具有巨大潜力和发展规模的新兴产业，具有广阔的前景。

第 2 章
智慧停车的概念

停车难的问题相信每个车主都遇到过。开车到购物中心只要 5min,停车却花了半个小时,出场之后还要排队,拿出零钱缴纳停车费。停车难、找车难、通行速度缓慢、停车拥堵、缴费方式烦琐等问题,一直是车主、停车场(库)、政府极度关心的社会难题。

2.1 国内停车场系统智慧停车的概念

智慧停车是利用物联网和云计算技术,打破单个停车场智能系统的信息孤岛,实现无处不在的停车导航、车位预订、错时停车、在线支付等功能,提高停车服务和管理水平。

以上海为例,2015 年上海市交通委发布了综合交通调查报告,报告指出,与五年前相比,上海的道路交通状况进一步恶化,停车位稀缺的问题日渐凸显。据了解,全市居住区配建停车位 179 万个,居住区夜间停放需求为 290 万辆,配建缺口为 38%。中心居住区配建停车位为 61 万个,居住区夜间停放需求为 133 万辆,配建缺口由 2009 年的 37% 扩大到 2014 年的 52%。

2.2 智慧停车的机遇

2015 年 7 月 1 日,国务院正式印发《积极推进"互联网+"行动的指导意见》,其中"互联网+交通"成为城市建设的重要战略。智慧停车可谓是智慧交通发力的典范,8 月,发改委联合七部委发布了《关于加强城市停车设施建设的指导意见》,表明国家对传统停车场的智慧升级改造工作越来越重视,智慧停车成为城市发展的重要战略。

从整个行业来说,智慧停车将会遍及每个城市,智慧停车场也将取代现有的传统停车场。车主停车的整个流程会更简单和省钱。停车管理方能更省心、高效地管理。政府也可以通过停车大数据进行监管、指导并推进城市静态交通建设。

作为汽车后服务市场的最佳切入口，停车场和停车应用也将成为汽车相关服务的入口，为社会带来更多便捷和效益。

几年前，当滴滴、Uber这些用车软件出现时，人们并没想到它们会给出行生活带来如此大的改变，饱受垢病的出租车行业受到挑战，带动了整个租车环境的良性竞争。如今，随着"互联网+停车"的发展，智慧停车的出现，对上亿车主乃至整个城市停车及出行必将带来改变。未来，随着智慧停车的进一步发展，智慧停车能作为的远不止是"停车"两个字这么简单。停车是过程不是目的，长久以来，停车场数据的价值都被大大低估了。

在整个汽车行业中，停车具有高频、刚需等特点，可以说是连接整个汽车后市场的最大入口，汽车后市场的利润空间高达8 000亿元。凭借大数据建立起来的车主驾驶习惯和行为偏好模型，政府、停车管理方以及商家都可以最大限度地挖掘服务点，提供更多服务和引导。

2.3 智慧停车的功能

2.3.1 车位引导

需要通过多种方式向车主提供停车场的车位占用状况、内部行驶路线等信息，智能引导车主向空位停车，以优化、便捷的方式引导车主找到车位。这能减少车主为寻找车位而耗费的时间，改善由寻找车位造成的车流拥堵，让车主享受到更好的体验。同时，车位引导对提高停车设施使用率、优化停车场经营管理以及促进商业区的经济活动等方面有着积极作用。

2.3.2 停车场管理

近几年，在智慧停车的停车场管理方面，有不少安防企业纷纷介入，作为完善智慧社区整体解决方案的构成部分。要实现停车的智能化，需要停车场的管理实现对管理区域的信息集中汇总、综合处理、智能反应的功能，管理者通过这套管理系统能全面掌控停车场各项信息指标，实现综合发布、统一调度、自动备份、报警提示。

2.3.3 反向寻车功能

在如今的大型商业区和购物中心的停车场内，由于停车空间大、标志物类似、方向难以辨别等原因，车主容易在停车场内迷失方向，要花费很长的时间来寻找车辆。智慧停车需要考虑到这一点，使车主用停车卡在定位查询机上刷卡，查询机显示出车主当前所在位置和自身车辆停放位置。

2.3.4　车牌识别不停车收费技术和自助缴费技术

车牌识别不停车收费技术是通过停车场出入口安装的车牌识别专用摄像机，准确采集进出车辆的车牌号码，记录车辆的进出场时间、车辆进出口、车牌号码、车辆照片等信息，作为收费依据，保障车辆方便、快捷、不停车通行。自助缴费技术是通过在自助缴费终端上输入车牌号码或扫描条码票，调出进场记录，显示进场时间、车辆入场的图片、车牌号码、应交车费等，客户刷信用卡或手机支付方式付费后，终端打印小票，付费成功；当车辆离场时，系统根据车牌号码自动放行，以避免车辆在停车场出口排队交费，从而让车辆快速离场。

2.3.5　传感技术

先进的智能停车管理控制系统离不开先进的传感器技术，包括车位检测技术和车流量检测技术。车位检测技术包括自适应磁电检测、超声波检测、图像识别车位检测技术。自适应磁电检测技术主要应用于地面停车场的车位检测，超声波检测、图像识别车位检测技术主要应用于地下停车场的车位检测，图像识别车位检测技术中获得的车牌号码和车辆照片可用于反向寻车系统。车流量检测技术包括超声阵列、红外阵列、地磁阵列等，超声阵列和红外阵列主要用于室内停车场进行车流量检测，而地磁阵列主要用于室外停车场的进出口流量检测，其检测精度大大优于地感线圈，同时施工简单，不破坏地面。

2.4　智慧停车的发展趋势

首先，智慧停车要实现联网共享数据，打破信息孤岛，建设智慧停车物联网平台，实现停车诱导、车位预订、电子自助付费、快速出入等功能。这是智慧停车与云技术和互联网＋结合最为密切的体现，依托智慧停车云平台来打破单个停车场智能系统的信息孤岛，实现无处不在的停车导航、车位预定、错时停车、在线支付等功能，提高停车服务和管理水平。该平台由门户网站（手机客户端、车载 GPS 导航也可以访问）和停车场在线管理信息系统、交互设备等三大部分组成。基于物联网技术和云计算平台技术，通过在停车场安装的在线管理信息系统，把底层管理系统的数据库上移到云平台的中心管理系统，底层的实时数据包括空车位、收费记录、卡授权、电子交易授权等都存储在云平台中心，平台处理后再把动态车位、停车指数等诱导数据发布到城市停车诱导屏、停车网站、交通广播、电视台等，实现全方位的停车诱导和车位预定。从停车场在最近几年的集中火爆不难发现智慧停车和云技术、互联网＋结合，能爆发出多大的市场能量。

其次，是智慧停车全视频趋势。随着安防技术的发展，国内停车场的发展方向将向全视频智能停车场的方向迈进。管理、服务一体化的智能停模式逐渐得到更多消费者青睐。未来的全视频智能停车场将作为一个停车问题的综合解决方案，在集成停车场系统资源方面有着卓越的优势，实现从车辆快速进场、快速停车，再到车主返回车场时快速找车、快速缴费等一系列完整的、全自动化的功能。从而有效解决包括商场、机场等公共场所在内的停车场由于车流量大造成的停车慢、缴费慢、停车难、找车难等社会问题，将停车场的资源最优化。

再次，是智慧停车定制化趋势。根据停车场的服务对象不同，可将停车场分为公共停车场、配建停车场和专用停车场。不同应用领域的停车场对系统软、硬件要求也有所差异。此外，针对特殊场所，如政府机关大院、企业厂区，车辆出入管理就要求同车辆的日常调度管理系统相关联；军队、安全、航天各涉密单位则要求对特种车辆有着更高的安全管理和突发事件响应机制。

最后，是智慧停车人性化趋势。在停车场智能管理系统设计上，工程开发人员更多居于对便捷性和车辆人员安全的考量。人机的交互及互动性增强。例如在读卡器上实现手机短信联动、手机一卡通；基于联营的平台性产品型产品或商业模式将出现。例如，消费折扣管理、VIP 积分管理等；多媒体信息发布和显示。

第 3 章
智慧停车的总体框架

智慧停车可有效提升停车场的信息化、智能化水平,给广大车主提供一种更加舒适、安全、快捷和开放的停车环境,充分实现了停车场管理运营的高效、节能、环保,进一步提升停车场的经营效益和企业形象。

3.1 总体思路

系统架构由三个层次组成,分别为信息采集层、通信网络层和业务应用层,其中信息采集层包括车辆电子标签、路测识读基站、发行基站和手持式基站,完成车辆电子标签的发行及实时车辆的采集汇聚;通信网络层包括有线方式或者无线方式提供的传输网络,完成采集层信息向上层应用系统的传输;业务应用层面向不同的行业应用部门,提供相应的功能应用。

当车辆出入门禁通信区时,以无线通信的方式与电子识别卡进行数据交换,从电子识别卡上读取车辆的相关信息,自动识别电子车卡是否有效,车道控制电脑根据读到的数据进行判断,并自动将通过时间、车辆和驾驶员的有关信息存入数据库中。

智能停车管理系统可以轻松地实现车辆自动进出、停车入位引导和车位使用检测等功能。通过智能停车联网平台对接入的停车场进行联网管理,实现信息共享,相比传统管理模式的停车场,极大地提高了管理效率,有效地降低了运营成本,同时基于停车信息的发布和查询、车位检测统计、自动缴费等可以开发更多的商业模式,增加停车场的收益。

3.2 总体架构

智能停车管理系统是将所有停车场进行资源整合,以信息化的方式对公众及相关部门提供服务,在提高停车场利用率、降低管理成本、提高管理效率等方面有着极为重要的意义,其整体架构包括:智能停车场系统、联网服务接入系统、联网服务平台、运营平台、数据平台、GIS 管理信息系统、智能停车门户网站、城市停车路面诱导系统、呼叫中心、应急指挥系统，外部系统作为互动系统存在。

智能停车场系统：与传统的停车场不同，智能停车场系统不再是一个孤立的系统，采用标准化协议的方式将停车场资源通过联网服务平台进行共享，从而将原来一个个孤立的停车场集结成停车网络为大众所用。

联网服务接入系统：作为停车场系统接入联网服务的接入控制、协议控制、系统适配存在。

联网服务平台：作为本系统的核心部分存在，提供与停车场联网相关的所有业务功能。

运营平台：作为本系统的支撑部分存在，提供客户管理、后台付费等相关业务的支撑功能。

数据平台：数据平台定位为智能停车联网系统中的数据管理系统，提供安全的、标准的（和非标准的）数据写入、读取功能，为了保证数据服务的及时性、可靠性，还需要提供数据服务的均衡负载、容灾备份功能。

GIS 管理信息系统：由于停车场是按照一定的地理空间分布的，因此可以利用 GIS 来建立其管理信息系统。本系统是一个以 GIS 为主的系统，其业务逻辑主要围绕着城市停车场设施管理的实际需要而构建，为系统提供标准的地理信息服务。

智能停车门户网站：向大众提供的统一服务门户，包括新闻广告发布、网页停车诱导、网上营业厅、出行指南等增值服务。

城市停车路面诱导系统：在区域、干道、停车场附近实时指示停车场空余车位状态，有效引导车主停车。

呼叫中心：处理客户的停车咨询、投诉以及业务代办。

应急指挥系统：通过视频采集实现对停车场的监控，结合指令互动实现停车的综合管控，实现应急指挥，进行预案指定，并执行应急预案，以完成特定条件（大型会议、外事活动等）下的停车场综合管控。

外部系统：作为互动系统存在，联网服务平台可以通过标准化接口的方式提供停车相关的数据给外部系统，外部系统也可提供其他信息给联网服务平台，由联网服务平台结合自身数据和业务提供更优质的增值服务。

3.3 服务对象

智能停车管理系统可以根据不同服务群体提供不同的服务。

（1）所有已安装 RFID 电子车牌的车辆可不停车进入停车场，这类车辆若未与银行签约电子支付服务且不持有所停车库的年/月卡，在停车场出口需停车缴纳现金；若是与银行签约电子支付服务或持有所停车库的年/月卡，在停车场出口可不停车驶出停车场，费用会自动记账并通过后台进行结算。

（2）领取临时停车卡的本/外地车辆按现有高频卡的方式进行停车管理。

第4章 智慧停车的建设内容

4.1 云端系统模块

云端管理系统部署在云服务器上，配置不同的停车场信息，管理注册车主信息，响应手机客户端与微信公众号页面的数据请求并显示结果，同步接收由车场端发送过来的同步信息。

4.1.1 云端车场信息管理

1. 业务说明

云端车场信息管理一个车场的总体信息，包括名称、地址、坐标、联系人、对应停车场端系统地址。

2. 功能要求

（1）单击新增车场按钮，进入新增车场页面，填写车场信息。
（2）单击保存，对新增的车场信息进行入库操作。
（3）列表页面，在特定的车场行，单击编辑按钮，进入车场的编辑页面。
（4）填写要修改的车场信息，单击保存，对车场信息进行更新入库操作。

4.1.2 云端车主用户管理

1. 业务说明

对来自于手机终端的注册用户进行管理。

2. 功能要求

（1）单击用户管理链接，列出用户的分页列表，同时可以输入用户姓名或者电话进行用户的模糊查询。
（2）可以对用户进行一个车牌绑定，单击用户行的绑定车牌链接，能对用户绑定的车牌进行增加与更新操作。

4.2 车场端管理

车场管理系统部署在车场里面,每一个车场部署一套以上,对车场信息、楼层信息、设备信息进行统一的配置,对车辆停放进行记录并提供查询功能。为了降低系统的维护难度,车场端使用轻量级的成熟数据库 MySQL。

4.2.1 车场管理

1. 业务说明

车场管理系统可设置车场里面的楼层、方向及车位数量等基础信息。

2. 功能要求

1)新增楼层

单击"车场管理"到"楼层管理"页面,单击"新增"按钮到"新增楼层",填写楼层名称,确定保存。

2)车位管理

单击"楼层管理",进入"车位管理",输入"新增车位编号"后保存。

4.2.2 摄像头管理

1. 业务说明

可设置车场内所有的摄像头参数、位置与车位的绑定等基础信息。

2. 功能要求

1)新增摄像头

单击"设备管理"到"摄像头管理"页面,单击"新增"按钮到"新增摄像头",填写摄像头名称、IP,以及管理用户名与密码,确定保存。

2)摄像头管理

单击"设备管理",进入"摄像头管理",进入摄像头列表页面,可以对现有的摄像头进行编辑与删除操作。

4.2.3 监控中心

1. 业务说明

车场管理员可以随时查看每个车位的车辆进出记录及监控录像,方便对车场进行管理。

2. 功能要求

在首页单击监控中心，进入监控中心可查看车位列表。单击指定车位，进入车位进出记录列表。

4.2.4 系统设置

1. 业务说明

系统管理后台有对系统的基础数据、管理人员账号、权限控制等各方面的管理权限。

2. 功能要求

1）用户管理

用户管理是管理用户的操作权限，单击"用户管理"选择"新增用户"，填写完新用户资料后保存数据。

2）角色管理

角色管理是对用户的分组管理（分为管理员、保安、物业管理者等）。单击"角色管理"进入"新增角色"，填写完新角色资料后保存数据。

4.3 手机客户端 App/微信公众号平台

4.3.1 车场查询

1. 业务说明

通过手机 GPS 定位的方式，根据用户位置坐标，查询附近车场的数据。

2. 功能要求

在手机上可以看到附近 500～2 000 m 的所有车场，有地图形式（考虑使用 BAIDU 地图），并详细展示车场的详细信息与剩余空车位数信息，并提供实时导航功能。

4.3.2 寻车

1. 业务说明

用户在手机客户端或者微信公众号页面上，可以随时查看自己的停车位置。

2. 功能要求

如果用户的车停在已经和本系统签约并且部署了本车场端系统的停车场里，

那么就可以在手机上看到自己的停车位置。

4.4　外部同步接口模块

云端提供数据同步接口，车场端通过接口，实时把车场端动态的信息如车位变动信息、用户车主停车信息等同步到云端，车主就可以通过手机客户端或微信公众号实时掌握车场信息与停车车位信息。

鉴于现有停车场的情况都不一样，没有部署车场端或者由于各种原因不具备部署车场端的停车场，一体化智慧停车场提供通用接入接口，把车场信息与车位变动的信息实时同步到云端服务器，让更多的车主能找到停车场，提高停车场效益，实现智慧停车场功能最大化。

4.5　双向引导模块

4.5.1　车辆引导

1. 业务说明

停车场系统可为车主提供查询并引导至附近的车场，再到泊入车位的全程点到点导航功能，从停车场入口到空余车位，任何车主到达部署该系统的停车场，可以根据车位指示屏的显示，了解到该区域的车位数量以及其他区域的状况和方向，省时快捷地找到空车位。

2. 功能要求

车位指示屏展示空余车位数量与位置，通过箭头方向指示引导车主快速到达。若本区域没有空余可用车位，指示屏则引导车辆到其他的楼层。车主按照车位指示屏的引导便能轻松找到最近的空车位。一旦车辆驶进车位，车位摄像头就会自动触发车牌识别程序与监控程序，并迅速在 10 s 内更新引导指示屏的车位数据，同时把停车记录通过云端同步接口更新到云端服务器。

4.5.2　寻车

1. 业务说明

当车主回到停车场，却忘记自己爱车停泊的位置时，特别是在大型购物广场和演出场所的情况下，在空气污浊、灯光昏暗的地下停车场中寻找爱车是件费时费力的事情。

2. 功能要求

当车主返回车库寻找爱车时,在主要电梯口和人行出入口处都部署了寻车查询机,车主通过输入停车车卡或输入自己的车牌号,就可立即搜索到汽车的车位信息。也可以通过手机客户端或微信公众号平台,实时查看爱车的停车位置。

第 5 章
停车资源管理系统建设

一体化智慧停车场系统的建设通过对停车场的需求分析，分析现有停车场产品已有的解决方案，根据设计方案，开展进一步的软件开发和设备选型及施工、培训、验收和维护工作。本章将对这个系统进行全面、详细的设计，包括实现系统技术的体系结构，功能模块详细的实现与功能结构，同时结合时序图等方式进行详细的描述。

5.1 系统设计原则

稳定性：保证系统各个模块长时间运行的准确性，软件系统的设计实现各个模块功能解耦，实现模块松耦合，增强软件的独立性与可维护性。

鲁棒性（Robust）设计：当系统出了问题，即使偏离正常轨道，也能自动纠错，自动修复，恢复正常。

可维护性：软件开发系统结构分层，模块清晰，命名规则可读性要强。软件上部署远程网管监控体系，产生任何故障立刻警告，方便维护人员处理。硬件采用广泛应用并且配件丰富、更换容易、实力强的厂家的产品。

保密性：要确保车主信息、车辆信息、停车信息、视频信息等安全。

5.2 系统技术架构

一体化智慧停车场系统由云端与车场端两个 Web 服务器、手机客户端 App、微信公众号页面端与系统接入同步接口组成。各个部分功能紧密结合，互相联系，软件系统开发上遵循模块独立与松耦合，提高整体软件的健壮性。

5.2.1 云端与车场端

本系统的云端服务器与车场端管理服务器使用现时流行的 MVC 三层架构，

采用 J2EE 企业级的技术成熟框架 Spring + Hibernate。Spring MVC 负责视图层和控制层，接受客户端的 http 请求与展示结果的页面，Hibernate 通过模型化链接数据库并执行数据持久化。Spring 中的 Action 通过依赖注入的 Service 层调用 Hiberante 管理的 Dao 层进行访问数据库中的数据。

展示的 Jsp 页面对用户的输入数据，结合了成熟优秀 Javascript 框架 Jquery. js，在提交前进行初步的 Javascript 有效性的验证。

云端数据库使用企业级的大型数据库 Oracle，车场端数据库使用轻量级 MySQL。服务器采用运算能力极强的轻量级 Tomcat Web 应用服务器。

5.2.2　手机客户端 App

手机客户端采用 Android 最新 4.4 的 SDK，并加入了向低 Android 版本兼容的 Android-support-v4. jar 的兼容包，能兼容到版本 Android 2.0 的手机系统，基本上市面流行的 Android 手机都能很好地兼容并稳定地运行。

采用原生的 Android 技术进行开发，调用百度地图最新的 V5.1 SDK 的 API 进行位置的定位与导航的功能。

使用轻量级的 ORM 框架 ActiveAndroid 管理应用的 SQLite 数据库表，提高开发效率与管理操控数据性能。

运用 Http Client 的连接框架，启动多线程异步数据请求，采用 JSON 的数据交互技术，通过发送前数据加密，接收数据后数据解密的方式，实现客户端与云端的安全数据交换。

5.2.3　微信公众号平台

微信公众号平台极大地方便了微信用户在不安装手机客户端的情况下可以使用一体化智慧停车场系统。通过微信官方的认证，建立微信公众号，建立公众号菜单，嵌入云端停车场功能页面。通过页面展示，能实现车主注册登录、绑定车牌、查看附近车场等功能。

页面采用最新的万维网的核心语言 HTML 标准 HTML 5 技术标准，提高了不同手机浏览器的兼容性，提高了应用功能页面的加载速度与用户体验。

5.2.4　外部同步接口

接口数据的交互，采用发送前数据加密，接收后数据解密策略，保护车场与车主信息安全，防止攻击，提高系统稳定性，让车场放心、车主安心，提高系统声誉。

5.3 系统功能架构

一体化智慧停车场按照功能细分为应用功能层、管理层、基础功能层与数据层。把整个复杂的系统从功能逻辑上进行模块化细分，明确体现了模块内功能点与不同模块之间的数据交互和调用关系，为后面的数据库设计与详细实现提供了清晰的思路。

5.4 系统部署架构

云端与车场端是 Web 应用，运行需要 Web 服务器。云端部署在云服务器中，具有公网 IP，从外界可以通过网络进行访问，App 与微信公众号端都是访问云端服务器进行数据请求与交换。车场端运行在车场中，与车场内的硬件设备，即摄像头、寻车一体机等组成一个内网系统，通过统一的接口，与云端进行数据交互与同步。

5.5 智能停车场管理系统

5.5.1 停车场系统的性能特点

系统采用一个统一的管理模式，该系统把车辆出入检测系统、车辆引导泊车系统、车辆安全监控系统等子系统有效地集成，各子系统的数据信息也相应地建立在统一的数据平台上。该系统具体以下特点：

（1）系统采用先进的电子技术、通信技术和自动控制技术，因而准确率高。

（2）系统采用先进的射频识别技术，电子标签全球的唯一性决定了车辆出入所使用的射频卡安全防伪比普通的 IC 卡性能要好。

（3）由于射频识别卡可以与读写器远距离通信，且读卡的时间很短，故车辆驶入或驶出停车场时，不需要停车，只要射频识别卡为有效卡，车辆就可以很快通过出入口，对车主来说很方便，同时也可以有效地减少车辆在道闸前等待而形成交通拥堵现象的发生。

（4）系统采用先进的传感技术，利用地感和压力装置，有效地控制道闸的自动升降，防止车辆被道闸砸到。

（5）系统采用先进的图像识别技术，可有效地判别出车辆的合法性，对车辆的安全起到一定的保护作用。

（6）系统采用计算机管理，费用的收取和信息的存储、处理都是由计算机完成的，有效地避免了由于人工操作造成的各种失误。

5.5.2 智能停车场的优点

智能停车场管理系统引入了先进的射频识别技术，其具有很多优点。其一，射频识别卡使用寿命长，有效地降低了系统维护成本。因为射频识别卡与读写器通信时，两者之间不需要直接接触，故避免了因接触带来的卡片磨损、弯折等问题。其二，车辆出入快捷方便。在射频识别系统中，电子标签附在车辆的挡风玻璃上，与读写器的通信不具有方向性，只要进入读写器的有效识别范围内就可以被读写器识别，大大缩短了车辆通行的时间。其三，系统安全性能好。附在车辆挡风玻璃上的电子标签在出厂时，在其内部都由生产厂家固化了一个序列号，这个序列号是全球唯一的，并且不能更改，确保了系统的安全性。

与传统的以 IC 卡作为介质的停车场管理系统相比，基于 RFID 技术的智能停车场管理系统有着无法比拟的优势。

5.6 停车场系统工作流程

射频识别技术具有各种优势，将这些优势用到停车场管理系统中，使其与传统的停车场管理系统相比优势更加突出、明显。因此，智能停车场管理系统采用射频识别技术。智能停车场管理系统结构框图如图 5-1 所示。

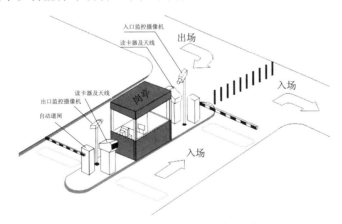

图 5-1 智能停车场管理系统结构框图

停车场管理系统的重点应该在车辆的出入控制方面，因此，停车场系统的工作流程以车辆的入场和出场过程进行描述。

根据车辆的实际情况，车辆可分为临时车辆和固定车辆。

（1）临时车辆。

临时车辆指的是需要临时停泊在停车场的车辆。比如商业写字楼里公司的员工由于工作关系需每天停车到停车场，这类车辆不属于临时车俩，而由于工作业务需要到该写字楼办事的用户，其车辆就需要在写字楼的停车场临时停泊，这类车辆就称为临时车辆。临时车辆的数量不确定，且进出停车场的次数也比较少。

（2）固定车辆。

固定车辆指的是需要在停车场长期停泊的车辆。如上文提到的写字楼里的公司固定的员工，每天上下班需要在停车场泊车，这类用户的车辆就属于固定车辆。固定车辆的数量是一定的，且进出停车场的次数、频率也比较高。

根据进出停车场的车辆有临时车辆和固定车辆的区分，系统的工作流程也分为临时车辆和固定车辆出入工作流程。

5.6.1　车辆入场工作流程

1. 临时车辆入场工作流程

临时车辆进入停车场时，由于智能停车场保留了传统的停车场管理模式，其工作流程也与传统的停车场车辆入场工作流程类似。入口设备主要有IC卡出卡机、IC卡读卡器、摄像机、道闸等设备。工作流程如下：

（1）临时车辆驶入停车场，道闸拦在车身的前面，车辆需停靠在IC卡出卡机前。车主按下出卡机上的取卡按钮，IC卡出卡机获得取卡信号，与后台网络主计算机通信，计算机进行数据处理和存储，同时向IC卡出卡机发出发卡指令，IC卡出卡机获得指令后吐出一张IC卡。

（2）车主获得IC卡后停留在原地等待，此时出卡机需要把卡号信息发送给收费终端计算机。

（3）收费终端计算机把卡片信息备份后，控制入口处的摄像设备对车辆进行摄像，并把车辆的图像信息和入场时间存储到数据库中，同时通过控制器使拦在车身前的道闸抬起，此时车辆可以驶入停车场。

（4）车辆进入停车场之后，地感线圈检测到车辆已顺利通过，信息传送给后台计算机，计算机再控制道闸自动放下，同时记下入场的车辆数加1，完成车辆的入场。

2. 固定车辆入场工作流程

固定车辆由于其长期性的特点，办理了射频识别卡，卡内载有车辆的车牌号、车型、颜色等相关信息，一般附在车辆的挡风玻璃上，当车辆驶入读写器的读卡范围内时，车辆探测器检测到有车来，读卡器读取卡片信息，传输给计算机数据库，判断是否为固定车辆，如果不是固定车辆，那么按照临时车辆的入场工作流程执行车辆的入场；如果判断出是固定车辆，那么计算机启动车辆识别系统，控制摄像机对车辆进行摄像，把图像信息传送到数据库中，对车辆的车牌号、车型、颜色进行比对，判断该卡是否合法有效，如果不是有效卡，系统就会发出警报，此时车辆会按照临时车辆的工作流程进行处理。如果进行信息比对时，判断出固定车辆的射频识别卡是有效卡时，计算机就会控制道闸自动抬起，并记录下车辆的入场时间等相关信息。道闸开启后车辆驶入停车场，道闸下面的地感线圈检测到车辆通过后，车辆检测器发送信息给计算机控制道闸自动降下，完成固定车辆的入场。

由于固定车辆的车载射频卡与读写器的信息交换距离比较远，达到几米甚至十几米远，且信息的交换是在空间内完成，故处理的时间也比较短。因此，固定车辆慢慢驶进停车场时，只要卡是有效的，道闸会自动抬起，能够实现固定车辆的不停车入场。车辆入场工作流程如图 5-2 所示。

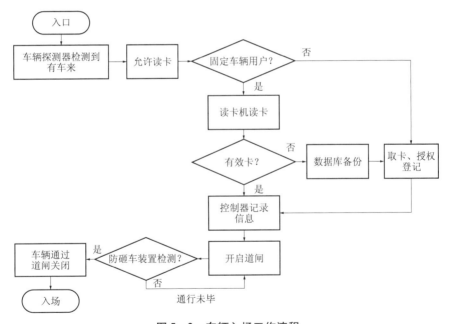

图 5-2　车辆入场工作流程

5.6.2　车辆出场工作流程

1. 临时车辆出场工作流程

车辆在驶出停车场时，读写器没有感应到射频识别卡进入读写范围内时，该车辆被判断为临时车辆。车辆检测器检测到有车来，向系统提示有出车信息，管理员收取临时车辆的停车 IC 卡,在读卡机上进行读写,获取卡片信息。把卡片信息传送到计算机中存储,同时启动出口摄像机对临时车辆进行摄像,图像信息传送到计算机上,由工作人员调出车辆入场时存储的车牌号、车型、颜色等信息,与出场时获取的图像信息进行比对,如果二者一致,工作人员按下道闸控制按钮,控制道闸抬起,放行临时车辆驶出停车场。道闸下面的地感线圈检测到车辆通过后,计算机控制道闸自动降下,完成临时车辆的出场。

2. 固定车辆出场工作流程

车辆在驶出停车场时,车辆检测器检测到有车来,并且读写器发现有射频识别卡进入其有效范围内,判断车辆是否为固定车辆,如果不是则按照临时车辆出场流程进行处理;如果判断出是固定车辆,且射频卡为有效卡,系统自动调出计算机存储的该车入场图像,启动出口摄像机对车辆进行摄像,并把车牌号、车型和颜色等相关图像信息传送给计算机,利用图像识别系统进行比对,如果两者符合,是同一辆车,则控制道闸自动抬起,对车辆放行。经过道闸时,地感线圈检测到车辆通过,车辆检测器发送信息给计算机控制道闸自动降下,完成固定车辆的出场。系统也可设定为人工放行,即图像比对一致时,由工作人员控制道闸抬起对车辆进行放行。车辆出场工作流程如图 5-3 所示。

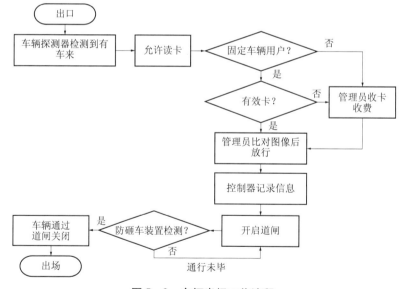

图 5-3 车辆出场工作流程

5.7 停车场管理系统组成

智能停车场管理系统构成分为硬件系统和软件系统两个组成部分,硬件部分按照车辆进场出场流程分为入口设备、自动泊车引导设备、数据中心处理设备、安全监控设备、出口设备、收费终端设备和照明通风其他设备。

硬件系统的组成部分很多,射频识别技术在停车场管理系统中的应用主要体现在车辆入口和出口检测,其中以车辆检测设备、车载射频电子标签、读写器设备、主计算机等设备尤为突出。

5.7.1 车辆检测设备

车辆检测设备在系统中的主要功能为检测车辆是否已经顺利通过道闸,防止道闸突然降下砸到车辆。在智能停车场管理系统中,对于实现不停车收费作用尤为重要。车辆检测设备的种类很多,有利用超声波检测的、利用视频抓拍检测的和利用环形地感线圈检测的等。

智慧停车系统采用的是环形地感线圈检测器,因为环形地感线圈检测器价格便宜、检测的准确率高且经久耐用。它由车辆检测器本身和地感线圈两部分组成,其中地感线圈预先埋设在出入口道闸的路面下,并通以一定的电流形成磁场,当车辆通过路面时,因为车身有铁质结构,通过切割磁力线,能引起电感线圈中电感的变化,检测器一旦检测到电感线圈中有电感的变化,说明有车经过地感线圈或者有车停在地感线圈的上面,道闸就不会降下,自然就不会砸到通行的车辆。

根据停车场管理的特点,车辆一般停留在地感线圈上的时间都较短,并且各类车型的不一样,因此检测的灵敏度相对来说高一些,抗干扰性也强一些,并且稳定性要好。

比较国内外同类产品的性能特点以及系统的成本,本系统选用由南京苏江科技有限责任公司生产的双通道环形线圈车辆检测器 SJ230DL。

1. SJ230DL 的性能特点

SJ230DL 型车辆检测器是一款地感线圈车辆检测器,该产品主要应用于车辆的检测。根据具体的应用场合,它有两种不同的型号:停车型和交通型。停车型一般应用于停车场的管理、治安卡口的监控等场合,而交通型一般应用于高速公路收费站、城市道路电子警察等场合。SJ230DL 型车辆检测器是一款双通道的车辆检测器,刚好满足停车场入口、出口两个通道的需要,该检测器的设计是基于高稳定度的振荡电路,利用单片机检测电感的变化和进行信号的处理。从产品的外形图上可以看到,该产品面板上有各种 LED 指示灯的显示,用来指示各种工作状态,还有 DIP 开关,用它可以设定检测器的各种工作模式,如灵敏度的设置、扫描的方式等。输出接口也有两种选择,可以选择固态方式或者是继电器模式。

2. 工作原理及模式

地感线圈埋设在停车场入口通道和出口通道路面下,车辆通过时引起线圈中电感的变化,检测器检测到电感的变化,说明车辆的存在。根据停车场的实际情况,检测器有三种工作模式:第一种为独立模式,该模式入口通道和出口通道之间没有逻辑关联,两者相对独立;第二种工作方式为即时模式,该模式入口通道和出口通道具有方向逻辑功能;第三种为通过模式,入口通道和出口通道具有方向逻辑功能,输出为脉冲方式。三种模式可由检测器主板上的跳线器设置。输出接口电路如图5-4所示。接口电路有正逻辑和负逻辑两种接法,如果采用正逻辑接法,检测到有车辆时,输出为高电平;没有检测到车辆时,输出则为低电平。如果采用负逻辑接法,检测到有车辆时,输出则为低电平;而没有检测到车辆时,输出为高电平。

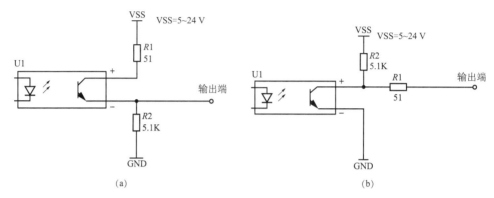

图 5-4 输出接口电路

(a) 正逻辑接法;(b) 负逻辑接法

3. 技术参数

SJ230DL 型车辆检测器的性能指标都满足停车场的工作环境需要,各技术参数如表 5-1 所示。

表 5-1 SJ230DL 型车辆检测器的技术参数

指标参数	性能
通道顺序扫描	采用通道线圈顺序扫描技术,消除线圈间串扰
电感量自调谐范围	20~1 500 uH,Q 值 $\geqslant 5$
灵敏度($-\Delta L/L$)	0.02%,0.05%,0.1%,0.5%,面板 DIP 开关 4 级可调
频率范围	20~110 kHz,实际工作频率取决于线圈几何尺寸
响应时间	P 型(停车型)$\leqslant$100 ms,T 型(交通型)$\leqslant$60 ms(RELAY)/30 ms(SSD)
输出配置	两路继电器或 SSD(固态开关)
漂移补偿率	每分钟大约 1% $\Delta L/L$
保护措施	线圈变压器隔离,输入端气体放电管、稳压二极管保护
工作环境	工作温度:-40℃~+80℃,相对湿度:最大 95%(无冷凝)

续表

指标参数	性能
连接器	后面板单个 11 芯插头（86 CP11）
供电电源	220 VAC ±15%，48～60 Hz（SJ232）

在停车场管理系统中，检测器放置在控制柜内，地埋线圈的引出线接至数据采集卡。通过地感线圈的电磁感应可以准确、快速地检测到车辆到来。

5.7.2 车载射频电子标签

车载射频电子标签载有车辆的信息，因此标签性能的好坏直接影响到读卡器对车辆信息的采集是否成功。根据停车场的特殊要求，电子标签的寿命应该和汽车的寿命基本相同，这样能有效避免电子标签要经常更换或者维护的情况发生，车主一旦办理安装了射频电子标签，电子标签就与该车形成唯一的对应关系，并且不能影响该车其他性能的使用。为了实现不停车收费，射频电子标签与读写器的距离不能太小，至少要达到几米至十几米，因此工作频率不能太低，所以设计采用的工作频率为 915 MHz。

电子标签的主要结构如图 5-5 所示，主要由标签发送电路、标签接收电路、公共电路部分、编码解码控制电路、微处理器和 EEPROM 存储器等部分组成。

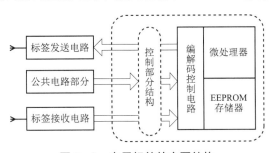

图 5-5 电子标签的主要结构

标签发送电路的主要功能是把标签内处理好的信号通过天线发送出去，便于读写器接收。电子标签发送电路结构如图 5-6 所示，主要由负载调制电路、上变频混频器、带通滤波器和功率放大器等部分组成。其中负载调制电路对信号进行调制，上变频混频器对调制好的信号进行移频，带通滤波器对信号进行滤波，保留的信号频率都在以 915 MHz 频率为中心的频率段，功率放大器则对待发送的信号功率进行放大处理，供天线发送。

电子标签接收电路的主要功能是对天线接收到读写器的信号进行处理，结构如图 5-7 所示，电子标签接收电路主要由检波电路、低通滤波器和电压比较器等部分组成。其中检波电路对天线接收到的信号进行检波；低通滤波器对检波之后的信

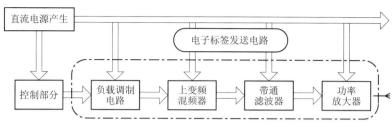

图 5-6 电子标签发送电路结构

号进行低通滤波,除去多余的频带信号;电压比较器对电压进行比判处理。

电子标签接收电路从天线接收到信号后,解码电路对信号进行解码,然后把解码后的信号送给微处理器,微处理器把信号处理好之后再由编码器进行信号编码,送给电子标签发送电路进行发送。EEPROM 存储器的作用是对标签的数据和其他信息进行存储,并且掉电后数据不丢失。

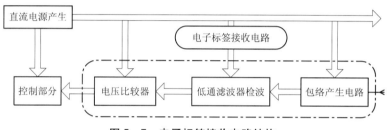

图 5-7 电子标签接收电路结构

本设计中系统选用的电子标签为卡片状,其大小和普通的 IC 卡的大小一样,但结构复杂一些,电子标签由三层组成:第一层为纸质面层,用来印刷图片信息,如写字楼外貌等,此外还用来保护中间的印刷电路板层;第二层为印刷电路板层,该层以聚酯薄膜为基片,集成电路的芯片和天线都集成在该层上,芯片采用飞利浦公司的 UCODE-HSL,该芯片内部集成了 1KB 的存储器,可以存储车辆的车牌号、车型、车辆颜色、车保等资料,天线则采用化学蚀刻技术,在印刷电路板层按照设计好的天线电路进行蚀刻,最终形成天线电路;第三层为纸质底层,同样对中间的印刷电路板层起保护作用,同时印刷以下文字信息如停车场规章制度、标签的编号、条形码等。

安装使用时利用环氧树脂把电子标签贴在车辆的前挡风玻璃内侧,工作在以 915 MHz 为中心的频段,经过测试,标签的识别距离能在 20 米左右,能满足停车场系统对不停车进行数据采集的要求。

5.7.3 读写器

在 RFID 系统中,读写器的主要作用是对电子标签进行读写操作,有的系统中不具备对电子标签的写操作功能，因此称为阅读器。根据读写器的功能，系统对读写器的发送电路和接收电路进行了设计。

1. 读写器发送电路

根据 ISO 18000—6 标准，设计 RFID 读写器发送系统结构如图 5-8 所示。

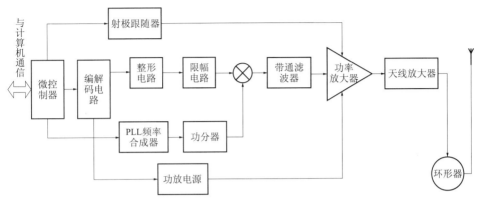

图 5-8 读写器发送系统结构

发送系统主要由控制单元和射频接口两部分组成。其中控制单元由微控制器处理电路和编码电路构成。微控制器电路控制读写器对电子标签的读写操作，完成与应用系统软件 PC 端通信；编码器完成信号的编码和解码。射频接口的功能是完成对编码后信号的调制、滤波和放大。工作原理如下：

首先计算机向读写器内部微控制器发出指令，微控制器启动程序，将相应的操作指令发送给编码电路，编码电路对微控制器传来的指令进行编码操作，然后传送给整形电路对信号进行整形，整形之后的信号再经过限幅电路处理，之后送给上变频混频器。混频器的作用是将本振信号与限幅电路发送过来的信号进行混频处理，对混频之后的信号进行调制。经调制之后的信号再通过带通滤波器进行滤波处理，再经过功率放大器进行功率放大后送给天线放大器，得到最终的发射信号。环形器把发射信号发送给天线，由天线向空间发射，被电子标签接收。

射频接口电路主要由本振频率信号产生器、混频器、带通滤波器和功率放大器等功能模块组成，各功能模块芯片的选择直接影响读写器的发射频谱。

1）本振频率信号产生器的选择

根据系统工作性能的要求等因素，读写器信号发射电路本振频率信号产生器件选择型号为 NCPD6-915BR 的锁相环频率合成器模块，该模块由韩国 ROSWIN 公司生产，输出频率为 902~928 MHz，5 V 单一直流电源供电，输出功率为 3 dBm，信噪比为 -107 dBc/Hz，能满足本系统的要求。

2）混频器模块的选择

混频器的作用实质就是对频率进行变化，在保证原载频的已调波信号不变的情况下，对信号进行变频处理，混频器在通信系统中的作用是至关重要的。根据系统工作频率的要求，混频器采用 Motorola 公司生产的型号为 MRFIC2002 的混频器，该混频器专为工作频率为 800～1 000 MHz 的发射机设计，变换增益为 10 dB，电源电流消耗为 5.5 mA，射频输出通道对匹配没有要求。MRFIC2002 的典型应用电路如图 5-9 所示，MRFIC2002 芯片 3 脚接地，7 脚接电源正极，1 脚接中频信号输入，5 脚为射频信号输出端，2 脚接斜坡电压输入，8 脚接本机振荡器信号输入，4 脚为使能控制端。

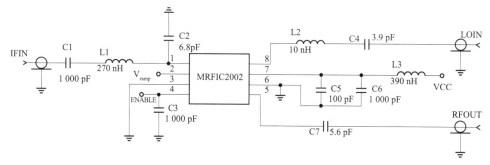

图 5-9　MRFIC2002 的典型应用电路

3）带通滤波器的选择

带通滤波器的功能是从混频之后的频率中提取有限频带内的信号，除去其他频率分量。由于停车场管理系统射频工作频率选用的是 915 MHz，根据系统要求，带通滤波器选择富士通公司生产的型号为 F5CE-915M00-236 的集成带通滤波器。该带通滤波器带宽为 26 MHz，通频带为 902～928 MHz，通带内波纹较小，只有 0.9 dB，回波损耗也小，只有 2.6 dB。该芯片集成度高，只有 6 个管脚，应用起来也很方便，性能指标能满足本设计需要。

4）功率放大器的选择

为了适应本系统的需要，功率放大器的增益要求可以控制，以满足工作距离变化的需要。经过调研比较，本设计选用的功率放大器为 Maxim 公司生产的型号为 MAX2430 的低功率放大器。

该芯片工作频率为 800～1 000 MHz，功率增益为 32 dB，广泛应用于无线局域网模拟发射器、数字无绳电话等领域。

2. 读写器接收电路

读写器接收到电子标签发送的数据后，对数据信号进行相关处理，其中涉及信号的解码，由于接收到的信号与一般的通信系统的编码信号不同，信号不是双相间隔编码，如果解码采用软件通过程序控制，那么会占用微处理器的资源，影响整个系统的实时处理能力，而这在停车场管理系统中是会影响到车辆进出场时间的，对实现不停车收费产生很大影响。因此，本系统采用信号相乘，转换为单极性信号，然后通过电压比较器对信号进行转换。接收电路原理图如图 5-10 所示。

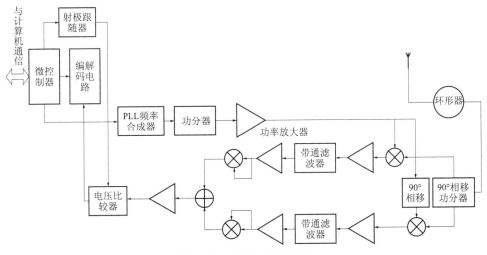

图 5-10 接收电路原理图

接收电路设计原理：电子标签进入读写器的射频范围内，接收到读写器的信号，获得能量，并开始执行读写器的指令，通过电子标签的天线向空间发射响应信号。读写器的天线接收到电子标签返回的信号后，由环形器把该信号发送给相移功率分配器，分成两路信号。这两路信号分别进行解调后放大相加、与本振信号进行混频处理，通过乘法器对信号自乘。这两路信号经过处理再相加、放大后发送给电压比较器，与设定的基准电压比较，从而把信号还原成标签返回的基带信号，经过整形处理后发送给解码电路进行解码，解码后的信号再给微控制器处理。

接收电路的射频接口由本振信号产生器、混频器、带通滤波器、低通滤波器、功率放大电路、乘法器、功率分配器、电压比较器等部分组成。因为本振频率的输出仍然是 915 MHz，所以本振频率信号产生器的选择与发送电路相同，仍采用韩国 ROSWIN 公司生产的型号为 NCPD6-915BR 的锁相环频率合成器模块。带通滤波器仍选富士通公司生产的型号为 F5CE-915M00-236 的集成带通滤波器。其余部分功能模块的选择如下。

1) 混频器的选择

根据系统的要求，混频器采用 Motorola 公司生产的型号为 MC13143 的线性混频器，该器件具有功耗小、频带宽、线性度高等特点，广泛地应用于模拟系统的前置部分以及数字系统的调频部分。

混频器在没有线性控制电流时，通过温度补偿能够得到典型的 1.0 mA 电源电流。芯片共有 8 个管脚，4 脚为差分输入端，如果是低电压操作，可以通过串联一个大小为 50 Ω 的电阻与 VCC 相连。

2) 低通滤波器的选择

根据解调后基带编码信号速率的要求，综合系统其他性能，低通滤波器选用美国 Linear Technology 公司生产的型号为 LTC1069-7 的低通滤波器。LTC1069-7 是一款 8 阶线性相位滤波器，采用单电源+5 V 直流供电，4 脚接信号输入，8 脚为信号输出，5 脚接外部时钟，用来设置低通滤波器的截止频率，满足截止频率与低通滤波器内部取样频率之比为 1∶50，LTC1069-7 的宽带噪声和典型通带增益等性能指标均能满足系统的需要。

3）功率放大器的选择

综合系统性能要求，功率放大器选用美国 Maxim 公司生产的型号为 MAX4182 的功率放大器。MAX4182 功率放大器的供电电流极低，只需要 1 mA，该芯片 6 脚和 2 脚分别为 VCC 和 VEE，两者之间的电压输入为 12 V，在本设计中 VCC 接+12 V，信号从 4 脚反向输入端输入进行反向放大，VEE 和同向输入端接地，信号经过放大后从 1 脚 OUT 端输出。

4）乘法器的选择

本设计中乘法器选用美国 Analog Devices 公司生产的型号为 AD835 的乘法器芯片，该芯片采用 8 脚封装，是一款四象限电压输出的模拟乘法器。在读写器的接收电路应用中，无论输入的信号是正极性还是负极性，都要求将其转化为正极性信号。由于输入的信号是脉冲信号，因此将该芯片的 X2、Y2 端接地，双极性信号从 X1、Y1 端同时输入，经过乘法器处理，使脉冲信号转化为正极性。

5）功率分配器的选择

在本设计中，功率分配器有 90°相移和 0°相移功率分配器，功率分配器是接收电路信号开始处理的部分，其性能的好坏直接影响到读写器接收信号的可靠性和灵敏度。经过比较，系统设计中 90°相移功率分配器采用美国 Mini-Circuits 公司生产的型号为 PSCQ-2-1000 的功率分配器，该功率分配器为两路正交输出，插入损耗为 0.28 dB，隔离度为 27 dB。而 0°相移功率分配器则采用该公司生产的型号为 SCN-2-11 的功率分配器，该功率分配器为两路同相输出，功耗低，频率范围为 800～1 100 MHz。

6）电压比较器的选择

接收电路中，电压比较器的作用是将解调信号转化为矩形波。经过反复调研，设计中电压比较器采用飞利浦公司生产的型号为 LM319 的电压比较。当输入电压的值位于下限电压和上限电压之间时，输出电压为 5 V，而当输入电压低于下限电压或者高于上限电压时，输出电压则为 0 V。

5.7.4　读写器天线

天线是一种将电流信号转换为电磁波信号向空间发射，或者是将从空间接收到的电磁波信号转换为电流信号的装置。在采用 RFID 技术实现停车场管理的系统中，读写器是依靠天线向空间发射电磁波，电子标签也是依靠天线接收到读写器发射的电磁波，转化为能量，实现与读写器之间的信号传递。无论是读写器还是电子标签都离不开天线，因此天线的性能好坏直接影响到整个停车场管理系统的可靠性。

在本设计中，电子标签的天线是集成的，与电子标签的芯片、电路等集成在一张卡状的射频卡上。读写器的天线可以是集成的，也可以是分离式的，读写器的天线采用集成的情况一般适用于工作频率为低频的场合，读写器与电子标签的通信距离不是很远（小于 10 cm），如门禁系统的应用，工作频率一般为 13.56 MHz。

在停车场管理系统中，电子标签与读写器的通信距离一般为几米甚至十几米，要求系统的工作频率较高，本设计采用的工作频率为 915 MHz。为保证读写器和电子标签的正常通信，系统采用读写器和读写器天线分离式的结构，通过同轴电缆连接在一起。

根据应用场合不一样，天线的形式和结构也各不相同，如环形天线、阵列天线、平板天线等。天线的主要参数有工作频率、天线的增益、极化方向和波瓣宽度等。天线的工作频率应该和应用场合相匹配，本系统要求的工作频率为 915 MHz；天线的增益是指在空间某一点上，实际天线与理想的辐射单元产生的信号功率密度之比，这与天线的方向有着很大的关系；极化方向指的是天线发射形成的电磁场中电场的方向，极化方式一般有线性极化和圆极化两种，由于停车场管理系统中，车载电子标签方向具有一定的确定性，因此系统可采用线性极化方式的天线；波瓣宽度是定向天线中的一个重要参数，波瓣宽度越大，说明方向性不强，导致作用距离不远，但是天线的覆盖范围很广，在停车场管理系统中，读写器天线的发射范围有一定的针对性，主要针对出入口的车道范围进行辐射，因此不要求天线的波瓣宽度太大，保证方向性和作用距离满足系统要求即可。

在 RFID 系统中，一般采用平面型天线。这种天线具有密封性好、结构稳固、使用寿命长等特点，平面天线采用光刻技术制造，因此适用于批量生产。由于在停车场中，车辆的进场和出场的车道是固定的，天线的方向是确定的，因此读写器的天线可采用微带贴片式天线。

微带贴片天线的结构如图 5-11 所示。它一般由四部分构成，包括金属接地板、介质基片、导体贴片和微带线。微带线的功能是馈电，有的天线采用的是同轴电缆馈电；导体贴片一般是铜，在介质基片上按照一定的规则形状进行贴片，如矩形或长条形等。通过馈电，在导体贴片和金属接地板之间形成射频电磁场，向外进行辐射。

在停车场管理系统中，读写器天线的选择尤为重要。射频电子标签附在车辆的前挡风玻璃的内侧，通过入口和出口进出停车场，由于车道是固定不变的，因此天线选择方向性强的线性极化天线。经过调研，系统选用佛山健博通电讯实业有限公司生产的型号为 TDJ-915BQ12-C 的定向天线，该天线的性能指标如下：

频率范围：902~928 MHz；

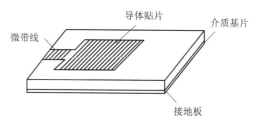

图 5-11 微带贴片天线

带宽：26 MHz；

增益：12 dBi；

垂直面波瓣宽度：38°；

水平面波瓣宽度：43°；

前后比：≥20 dB；

驻波比：≤1.25；

输入阻抗：50 Ω；

极化方式：垂直/水平极化；

最大功率：100 W。

从 TDJ-915BQ12-C 型天线的性能指标看，其工作频率满足停车场系统的要求，根据天线极化的方式，可以分为垂直极化和水平极化，对应的垂直和水平波瓣宽度很窄，说明方向性较强。在停车场实际的应用当中，根据车载电子标签的天线极化方向，读写器的天线可以选择顶装或者侧装形式，顶装采用横梁式龙门架形式，侧装采用旁立柱的形式，保证读写器天线与车载电子标签天线的极化方向相匹配。由于连接读写器和天线采用的是同轴电缆，同轴电缆越长，信号的衰减越厉害，因此系统采用旁立安装天线的方式。

5.7.5 上位机系统

在停车场管理系统中，常常把车辆识别系统称为下位机系统，它包括车辆检测设备、电子标签、读写器、天线和摄像机等设备，而把主计算机称为上位机系统。下位机系统把数据传送到上位机，上位机进行数据处理后传送给后台数据库，用户利用显示器、显示屏和语音设备等访问服务器获得相关信息。

5.7.6 车位引导系统

本系统车位引导系统的设计是基于车辆检测设备的，原理：通过在停车场的入口和出口的路面下埋设地感线圈，车辆入场时，地感线圈检测到有车辆经过，数据库中车位数自动减一，同时入口处的显示屏提示车位的位置信息，如果停车场是按照 A、B、C、D 等区域划分的停车区，显示屏则会显示 A 区剩余车位多少，B 区剩余车位多少等；如果停车场是按照楼层划分的停车区，显示屏则会显示负一楼剩余车位多少，负二楼剩余车位多少等。车主通过显示屏获得剩余车位信息，有针对性地驶入剩余车位，省去了车主寻找车位的麻烦。反之，当车辆驶出停车场时，出口处的地感线圈检测到有车经过，说明有车驶出了停车场，此时数据库中剩余车位数自动加一。

实际应用时可根据停车场的具体情况进行设计，停车场如果是按照 A、B、C、D 等区域划分的停车区，可通过在 A 区驶向 B 区的通道内埋设地感线圈，地感线圈检测到有车通过，则 A 区的剩余车位数自动加一，B 区的剩余车位数自动减一；如果停车场是按楼层划分的停车区，可在楼层间通道内埋设地感线圈，通过地感线圈检测到有车进入负一楼时，负一楼剩余车位数自动减一，检测到有车从负一楼驶出时，负一楼剩余车位数自动加一，地感线圈检测到有车从负一楼进入负二楼时，负一楼剩余车位数自动加一，负二楼剩余车位数自动减一，反之亦然。

5.7.7　摄像机

摄像机的功能主要是完成车辆入场和出场时的对车辆图像的抓拍。在停车场管理系统中，摄像机常常跟视频捕捉卡和软件配合使用，完成对车辆图像的抓拍并把图像信息存储到主计算机上，供管理员或系统随时访问。

停车场管理系统中，在入口处和出口处都要安装摄像机，车辆入场时，入口处的摄像机对车辆图像进行抓拍，并把图像信息存储到主计算机上。车辆出场时，出口处的摄像机也要对车辆图像进行抓拍，图像信息传送到计算机上显示，同时系统自动调出该车入场时抓拍的图像，管理员或者系统自动比对两幅图像，如果是同一辆车，则由管理员或系统自动放行；如果不是同一辆车，则声光报警，有效地保障了停车场车辆的安全。

5.7.8　道闸机

道闸机的作用是执行对车辆的放行或者拦截，与车辆检测设备配合使用，能实现防砸车功能。

停车场管理系统中对道闸机的选择应考虑以下几个方面：

（1）有手动功能，管理员能够通过按钮控制道闸机的抬起、回落等操作，实现对临时车辆进出场的控制；

（2）具有停电解锁功能，如果出现停车场停电的现象发生，可人工抬起道闸；

（3）具有遥控功能，可以通过遥控器控制道闸机的抬起、回落等操作；

（4）能与计算机通信，实现计算机对道闸机的自动控制，实现不停车收费。

经过调研，市面上现有的道闸机一般都具备上述功能，能满足停车场管理系统的性能要求。可根据停车场实际的应用，选择不同品牌、不同外观以及不同价位的道闸机。

5.7.9 其他设备

停车场管理系统中，还有如 LED 显示屏、对讲机、交通灯、语音提示器等设备，这些设备在停车场中也是不可或缺的，对实现停车场管理的人性化、智能化起到很大的作用。市面上这类设备的技术也比较成熟，可根据停车场实际的需要，进行相应的配置。

5.8 系统软件模块

5.8.1 登录模块

登录模块的功能是完成对用户合法性的验证。在本设计中，登录模块由三部分构成：用户名、密码和级别。在启动停车场管理软件时，首先弹出登录模块的窗口，由管理人员输入用户名、密码，并选择登录级别。用户名输入可以是中文也可以是英文字母，最多可以输入 16 个字符；密码设置为 6 位，可以是字母，也可以为数字，字母和数字的组合亦可；输入用户名和密码后还要对登录级别进行选择，登录级别有操作员级、主管级和经理级三个级别选择，不同的级别获得的操作权限也不一样。操作员级只能获得一些基本的操作或浏览权限；主管级除了具备操作员级的权限外，还具有对操作员添加或修改密码的权限；经理级的级别最高，具有主管级和操作员级的所有权限，同时有对主管和操作员的添加、删除或密码修改的权限。

登录模块窗口弹出后，对应的管理人员输入相应的用户名、密码，选择对应的权限级别。如果输入和选择都正确，则启动停车场管理软件，管理人员再执行其他的操作。如果输入的用户名、密码和权限级别不正确，系统则会弹出错误提示窗口，并且要求用户重新输入，登录模块最多允许重新输入密码的次数为 3 次，如果 3 次输入都不正确，系统则会对该用户进行锁定，禁止该用户登录。如果想放弃此次登录，单击登录模块的取消按钮即可关闭登录模块。

5.8.2 计费模块

计费模块是停车场管理系统软件的主要功能，该模块的设计分为入口部分、出口部分和车位控制三个部分。

1. 入口部分

入口部分的功能是在车辆进入停车场时，对车辆的车型和入场时间做好登记，为该车出场时收费提供入场凭证。启动入口操作界面后，如果车辆是临时用户，则由管理员对车辆的编号、车牌号、车型和入场时间进行确认，车辆的车牌号、车型和入场时间都是通过车辆检测设备和摄像机图像处理系统自动完成的，车辆的编号按照该车进入该停车场的时间进行编号，由系统自动完成，编号为 14 位，依次为年、月、日、小时、分钟、秒，年的编号占 4 位，其余信息的编号各占 2 位，因为确认的时间间隔设置为 1s，所以入场车辆的编号是唯一的。管理员核对无误后单击计费对话框中的保存按钮，车辆的信息进入后台数据库，并由自动吐卡机向车主发放入场 IC 卡。

如果通过射频识别，检测出入场车辆是固定用户，其卡号信息在数据库中有存储，则由系统自动执行相关信息的保存操作，并把数据送到数据库中进行存储。

2. 出口部分

出口部分的功能是完成车辆的计费。当车辆驶出停车场时，如果是临时用户，管理员收取车主的入场 IC 卡，通过读卡获得该车的车辆编号信息，找到该车的信息并在显示器上显示，如果该车编号信息不存在，系统则会显示提示错误信息，要求管理员执行重新读卡等操作。该车编号信息找到后，管理员单击计费对话框中的计费按钮，该车在停车场中的停留时间和应缴停车费都会显示出来。由车主选择缴费模式，管理员执行相应的操作，比如车主选择的是现金支付，则由管理员收取停车费用；如果车主选择的是卡支付，则由管理员输入相应的卡号，然后单击计费对话框中的保存按钮，数据保存到数据库中，同时再执行打印票据等操作。

如果出场的车辆是固定用户，那么系统通过射频识别技术直接从数据库中调出该车的入场编号信息和卡号服务，记录下该车的出场信息，扣除卡中的相应费用，并把信息保存到数据库中，这些都由计算机自动完成，能够实现车辆的不停车收费。

3. 车位控制

计费模块中还具有车位控制功能，如果停车场车位已满，没有剩余车位，那么系统会在入口 LED 显示屏上显示车位已满信息，同时启动语音设备提示车主车位已满，拒绝车辆再进入停车场。该功能不需要人工操作，由系统自动完成。

5.8.3 查询模块

停车场管理系统软件中查询模块的功能主要是为管理员或车主提供车辆缴费信息的查询服务，固定车主通过查询可以获知卡中余额、历史缴费等信息，管理人员可以通过查询模块查知当日停车场费用收取或历史费用等相关信息。

查询模块提供了五种查询方式：

（1）按车牌号查询，通过输入车牌号信息，查询对应车辆历史缴费明细等信息；

（2）按电子标签卡号查询，通过输入或读取电子标签卡号，查询对应车辆缴费情况；

（3）按支付类型查询，管理者通过选择支付类型为现金支付或卡支付获得停车场收费情况；

（4）按用户操作记录查询，用户通过操作记录对费用进行查询；

（5）按违章车辆查询，用户通过违章车辆查询得到停车场费用收取情况。

用户通过单击停车场管理系统软件中查询菜单，从弹出的下拉菜单中选择相应的查询方式，得到相关的信息。

5.8.4 用户卡管理模块

用户卡管理模块的功能是对电子标签芯片存储的卡号信息进行各种管理，如电子标签卡开户、存款、卡挂失补办、卡有效期延期。

管理员通过单击界面相应按钮执行开户、存款等相关操作。

1. 开户操作

该功能是针对新增固定用户进行的，管理员在为新增固定停车用户安装射频电子标签时，对电子标签中车辆信息进行数据录入、分配卡号等操作。管理员单击开户按钮，系统提示是否真的为车主办理新卡，如果选择"否"，则取消开户操作；如果选择"是"，系统自动生成一个卡号信息，然后由管理员把车辆其余信息进行录入，如车牌号、车型、有效截止日期、预存款及车主单位等信息。每一栏的信息录入都是必须的，缺少任何一个栏目信息，系统都会提示输入数据不完整。只有当各项信息都录入后，单击保存按钮时，系统才会提示卡创建成功，开户操作流程如图 5-12 所示。

2. 存款操作

存款操作的功能是为已办理安装了射频电子标签的固定车主提供再次预存停车费的服务。存款操作流程如图 5-13 所示，管理员单击操作界面的存款按钮，系统弹出是否存款对话框，如果选择"否"，则终止此次存款操作；如果选择

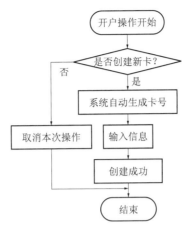

图 5–12　开户操作流程

"是",系统弹出输入卡号的对话框,管理员输入固定车主的卡号,如果检测到卡号不存在,系统则会提示"卡号输入错误,请认真核对"信息,并终止此次存款操作。只有当系统检测到数据库中有该卡号信息时,才会提示"请输入存款金额"信息,此时由管理员收取固定车主的预存停车费,输入对应的金额,单击"确认"按钮,完成存款操作。

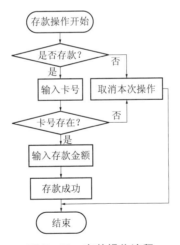

图 5–13　存款操作流程

3. 延期操作

延期功能是当固定车主办理的射频电子标签有效期即将到期时,对卡进行延长期限的办理。管理员单击操作界面的延期按钮,系统弹出是否延期对话框,如果选择"否",则取消此次办理延期操作;如果选择"是",系统弹出输入卡号对话框,管理员输入相应的卡号。如果系统检测卡号不存在,则弹出"卡号错误,请重新核对"信息,并结束此次延期操作。当输入卡号为有效卡号时,系统要求管理员输入电子标签延期截止日期，如果截止日期输入的格式不正确，则系统终止此次延期操作。只有当卡号输入正确、截止日期格式输入正确时，系统才会提示操作成功，同时将数据传送到数据库中进行更新备份，延期操作流程如图5-14所示。

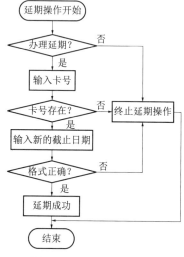

图 5-14　延期操作流程

4. 挂失/补办操作

当固定用户的电子标签遗失，为防止被其他车辆盗用，就要对该电子标签进行挂失处理，系统通过挂失功能在数据库中取消该电子标签的相关信息，将该电子标签视为无效。当遗失了电子标签或电子标签失效了的车主想继续使用时，可以通过补办操作，重新安装车载电子标签。

挂失/补办操作流程如图5-15所示，挂失和补办的流程类似。管理员根据车主需要单击界面上的挂失或补办按钮，系统弹出对话框提示是否进行挂失或补

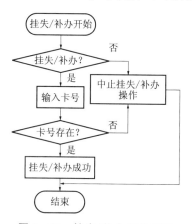

图 5-15　挂失/补办操作流程

办操作。如果选择"否",则终止本次挂失或补办操作;如果选择"是",系统提示输入新的电子标签卡号。如果检测到挂失或补办的卡号不存在,系统自动终止此次挂失或补办操作;若系统检测到卡号存在,则此次挂失或补办操作成功,同时把相应信息传送到数据库进行更新备份。

5.8.5 用户管理模块

用户管理模块的功能是针对经理级或主管级的管理者设置的,经理级或主管级的管理者通过用户管理模块对操作员级的管理人员实现查找、添加、修改或删除等操作。

1. 查找操作

由于系统中用户名和管理工作人员的信息是一一对应的,故经理或主管通过输入用户名或工作人员姓名,就可以查到相应的工作人员的具体信息,并在计算机上显示出来。经理或主管单击用户管理模块的查找按钮,输入要查找的用户名,如果系统检测到数据库中有该用户存在,则弹出该用户的信息窗口,显示该用户的信息,反之系统检测不到该用户的存在时,就会提示"该用户不存在"信息。

2. 添加操作

添加功能为经理或主管对停车场新增的工作人员进行系统添加并赋予相应的权限。单击添加按钮,系统弹出对话框,要求经理或主管输入工作人员的用户名。如果输入的用户名系统中已经存在,则系统提示添加无效;如果输入的用户名没有重复,则再输入该用户的登录密码,并输入确认密码,两次输入密码不一样同样会导致添加操作失败。只有当两次输入的密码完全一致时,系统才会提示添加操作成功。经理或主管还可以对该用户的权限进行设置,系统默认的权限为操作员级。添加操作成功后,数据传送到数据库中备份。

3. 修改操作

修改操作是对用户的各类信息进行修改,其中用户名是不能修改的。经理或主管单击修改按钮,系统弹出对话框要求输入需修改的用户名。如果输入的用户名数据库不存在,则提示"该用户不存在";如果输入的用户名有效,系统则会弹出用户信息列表窗口,经理或主管对相应信息进行修改,完毕后单击"确认"按钮,完成修改操作,同时数据传送到数据库中更新备份。

4. 删除操作

删除操作是针对工作人员岗位变动或工作调离,经理或主管取消该用户的系统操作权限设置的。经理或主管单击删除按钮,系统弹出对话框,要求输入待删除的用户名,输入后如果用户名存在,则会提示"是否确认删除"。如果选择"确认",就会删除该用户的信息及相关操作权限;如果选择"取消",则本次删除操作被终止。

5.8.6 报表模块

报表模块的功能主要是完成信息的统计,并以表格的形式显示出来,可以通过连接打印机直接打印。该权限对三级管理员同时开放,经理、主管和工作人员都有权限进行访问。报表模块设置了停车场日收入汇总报表、月收入汇总报表、卡余额日报表和违章车辆汇总报表共四个报表类型。

用户单击报表菜单,从下拉菜单中选择相应的报表类型。系统刷新界面,显示出相应的报表,供用户查询或打印。

5.8.7 参数设置模块

参数设置模块的功能是对停车场的收费标准进行设置,该模块有三个参数可以设置,分别是收费设置、免费停车时间设置和有效车位数设置。该模块在停车场管理系统中的作用至关重要,只有经理级的超级管理员才有权限进行设置。

经理级的超级管理员单击参数设置菜单,系统弹出参数设置界面,管理员对收费标准进行设置。包括小型车、大型车、中型车和重型车每小时应缴停车费的设置,能免费停车时间的设置,还可以对停车场中有效车位数进行设置,便于车位引导系统正常工作。参数设置模块中各参数的设置是相互独立的,管理员可以根据停车场实际的应用,有针对性地进行相关设置,设置完毕后单击"确认"按钮,完成参数设置操作。如果想放弃此次参数设置操作,单击"取消"按钮即可。

第 6 章
基于物联网的智能停车系统研究现状

6.1 物联网概念及特征

6.1.1 物联网概念

目前与物联网相关的概念很多,包括物联网、泛在网、智能交通、机器到机器的通信(M2M)等,它们所涵盖的范围和重点不同,但都有密切的相关性。

在不同的国家和地区,所使用的名词术语也不尽相同,例如在欧洲,主要提及物联网和机器到机器的通信;在美国,则把物联网的具体应用"智能电网"作为国家战略项目,而不强调泛在网和物联网;在日本和韩国,则更加强调泛在网和泛在社会愿景。但无论用哪一种说法,其实质都是通过射频识别标识(RFID)和传感器等可标识和感知的设备获取"物"的信息,从而为各行各业提供服务。

国际电信联盟(ITU-T)的物联网全球标准化工作组(Io T-GSI)于 2011 年 11 月初步给出了物联网的概念,即物联网是全球新兴社会基础设施,物与物(包括物理的和虚拟的)之间通过现有的和演进的信息通信技术进行互联,从而提供先进的服务。物联网通过识别、数据获取、处理和通信等能力,在保证隐私的条件下利用物体向所有的应用提供服务。

物理的物通常是指可以看得见或触摸到的在物理世界存在的实体,可以被感知和操作。虚拟的物是指在信息通信系统能够被识别和访问的、可以标准化的具有标识的对象,能够被获取、存储、分析或控制。物理的物通常可以对应到虚拟的物,从而提供与物相关的服务。

6.1.2 物联网架构

物联网目前还没有统一的标准体系结构,各国及各行业对体系架构的定义也不尽相同，但是总体架构趋于一致，在文献基础上，本书给出了物联网的体系架构（如图6-1所示）。

（1）智能物体层：通过传感器捕获和测量物体相关数据，实现对物理世界的感知。同时具备局部的互动性，需要一定的存储和计算能力。

（2）数据传输层：以有线或无线的方式实现无缝、透明、安全的接入，提供并实施编码、认知、鉴权、计费等管理。

（3）信息关联层：通过云计算实施对海量数据的存储和管理、数据处理与融合，屏蔽其异质性与复杂性，形成一个与真实世界对应的虚拟世界。

（4）应用服务层：从虚拟世界中提取信息，提供丰富的面向服务的应用。如智能交通、智能电网、智能医疗等。

需要指出的是，数据由底部的传感器通过网络到达应用服务层面，而实际上，在应用服务层面，各个中心、用户可以反向地通过网络由执行器对物体进行控制。

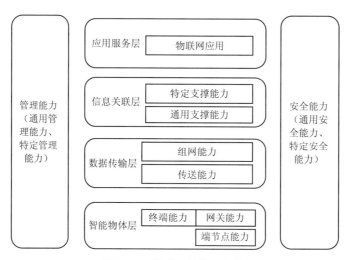

图6-1 物联网的体系架构

在上述体系中，感知层面的各种传感器，随着新技术的发展会不断升级，新设备会不断被引入物联网中。应用服务层的新业务、新需求也在不断更新。如果每一个具体的应用需求和终端传感设备都形成独立的网络，那么最后可能形成许多套特殊的网络，这不利于推广和不便于维护。因此，这需要物联网的网络层有一定前瞻性，物体设备层可以变化，服务应用层可以变化，但它们都是通过一个普适的网络进行连接，这个网络可以在一定的时间内保持稳定。

6.1.3 物联网特征

对于物联网这样一个庞大的网络，其健康发展需要设备制造商、系统集成

商、运营商在内的产业链的各环节之间的系统配合,这将是一个循序渐进的过程。和传统的互联网相比,物联网有其鲜明的特征:

(1)它是各种感知技术的广泛应用。物联网上部署了海量的多种类型传感器,每个传感器都是一个信息源,不同类别的传感器所捕获的信息内容和信息格式不同。传感器获得的数据具有实时性,按一定的频率周期性地采集环境信息,不断更新数据。

(2)它是一种建立在互联网上的泛在网络。物联网技术的重要基础和核心仍旧是互联网,通过各种有线和无线网络与互联网融合,将物体的信息实时准确地传递出去。在物联网上的传感器定时采集的信息需要通过网络传输,由于其数量极其庞大,形成了海量信息,故在传输过程中,为了保障数据的正确性和及时性,必须适应各种异构网络和协议。

(3)物联网不仅仅提供了传感器的连接,其本身也具有智能处理的能力,能够对物体实施智能控制。物联网将传感器和智能处理相结合,利用云计算、模式识别等各种智能技术,扩充其应用领域。从传感器获得的海量信息中分析、加工和处理出有意义的数据,以适应不同用户的不同需求,发现新的应用领域和应用模式。

6.2 物联网的发展历程

1999年,MIT Auto-ID中心的Ashton教授在研究RFID时最早提出来了物联网概念。提出了结合物品编码、RFID和互联网技术的解决方案。当时基于互联网、RFID技术、EPC标准,在计算机互联网的基础上,利用射频识别技术、无线数据通信技术等,构造了一个实现全球物品信息实时共享的实物互联网"Internet of things"(简称物联网)。

2003年,美国《技术评论》提出传感网络技术将是未来改变人们生活的十大技术之首。

2005年11月17日,在突尼斯举行的信息社会世界峰会(WSIS)上,国际电信联盟(ITU)发布《ITU互联网报告2005:物联网》,引用了"物联网"的概念。物联网的定义和范围已经发生了变化,覆盖范围有了较大的拓展,不再只是指基于RFID技术的物联网。

2008年后,为了促进科技发展,寻找经济新的增长点,各国政府开始重视下一代的技术规划,将目光放在了物联网上。在中国,同年11月在北京大学举行的第二届中国移动政务研讨会"知识社会与创新2.0"上提出了移动技术、物联网技术的发展代表着新一代信息技术的形成,并带动了经济社会形态、创新形态的变革,推动了面向知识社会的以用户体验为核心的下一代创新(创新2.0)

形态的形成，创新与发展更加关注用户、注重以人为本。而创新2.0形态的形成又进一步推动新一代信息技术的健康发展。

2009年1月28日，IBM首席执行官彭明盛首次提出"智慧地球"这一概念，建议新政府投资新一代的智慧型基础设施。当年，美国将新能源和物联网列为振兴经济的两大重点。

在2009年2月24日IBM论坛上，IBM大中华区首席执行官钱大群公布了名为"智慧的地球"的最新策略。此概念一经提出，即得到美国各界的高度关注，甚至有分析认为IBM公司的这一构想极有可能上升至美国的国家战略，并在世界范围内引起轰动。IBM认为，IT产业下一阶段的任务是把新一代IT技术充分运用在各行各业之中，具体地说，就是把感应器嵌入和装备到电网、铁路、桥梁、隧道、公路、建筑、供水系统、大坝、油气管道等各种物体中，并且被普遍连接，形成物联网。

2009年8月温家宝总理在视察中国科学院无锡物联网产业研究所时，对于物联网应用也提出了一些看法和要求。自温总理提出"感知中国"以来，物联网被正式列为国家五大新兴战略型产业之一，写入"政府工作报告"，物联网在中国受到了全社会极大的关注，其受关注程度是美国、欧盟以及其他各国不可比拟的。

2010年，发改委、工信部等部委会同有关部门，在新一代信息技术方面开展研究，以形成支持新一代信息技术的一些新政策措施，从而推动我国经济的发展。

2012年，ITU-T专门成立了物联网全球标准化工作组（IoT-GSI）并在2月份通过了"物联网定义"和"物联网概述"两个国际标准。"物联网概述"在建议草案中给出了物联网的体系架构。

6.3 物联网在国外研发、应用现状

国外对物联网的研发、应用主要集中在美、欧、日、韩等国家，最初的研发方向主要是条形码、RFID等技术在商业零售与物流领域的应用。随着RFID、传感器技术、近程通信以及计算技术等的发展，近年来其研发与应用开始拓展到环境监测、生物医疗、智能基础设施等领域。

为了加强对物联网的管理，加快物联网的发展，欧盟制定了一系列物联网的发展策略，围绕物联网技术和应用做了不少创新性工作。欧盟推出的物联网应用主要在以下几方面：第一，各成员国在药品中开始使用专用序列码的情况逐渐增多，确保药品在病人服用前均可得到认证，减少了制假、赔偿、欺诈和分发的错误。可方便地追踪药品的来源，提高了欧盟在对抗不安全药品和打假方面的力

度。第二，在能源领域已开始部署智能电子材料系统，为用户提供实时消费信息。同时，电力公司可对电力的使用情况进行远程监控。第三，在一些传统领域，比如物流、制造、零售等行业，加强了信息交换，提高了生成效率。

另外，其为了提高物联网的可信度、安全性、普及性，积极推动物联网标准的制定，执委会将评估现有物联网相关标准并推动制定新标准，确保新标准是在开发、透明、协商一致的方式下达成的。

美国把物联网作为振兴经济的"新武器"。奥巴马将"新能源"和"物联网"作为振兴经济的两大武器，投入巨资研究物联网的相关技术。物联网被称为继计算机和互联网以外信息产业的第三次革命。无论基础设施、技术水平还是产业链发展程度，美国都走在了发展的前头，比较完善的互联网也为物联网的发展创造了良好先机。

美国《经济复苏和再投资法》中提出，从能源、科技、医疗、教育等方面着手，通过政府投资、减税等措施来改善经济，增加就业，并同时带动美国长期发展，其中鼓励物联网技术发展主要体现在能源、宽带和医疗三大领域的应用。

日本和韩国在 2004 年都推出了基于物联网的国家信息化战略，分别称作 u-Japan 和 u-Korea。"u"代表英文"ubiquitous"，意思是"普遍存在的、无所不在的"。该战略是希望存生新一代信息科技革命，实现无所不在的便利社会。

6.4 物联网在国内研发、应用现状

我国传感网标准体系已形成初步框架，向国际标准化组织提交的多项标准提案被采纳，传感网标准化工作已经取得积极进展。经国家标准化管理委员会批准，全国信息技术标准化技术委员会组建了传感器网络标准工作组。标准工作组聚集了中国科学院、中国移动等国内传感网主要的技术研究和应用单位，积极开展传感网标准制定工作，深度参与国际标准活动，旨在通过标准化为产业发展奠定坚实的技术基础。

2009 年 9 月 11 日，工业和信息化部传感器网络标准化小组的成立，标志着我国将加快制定符合我国发展需求的传感网技术标准，力争主导制定传感网国际标准。

2009 年 11 月 1 日，中关村物联网产业联盟正式成立，成员包括北京移动、清华同方股份有限公司、北京邮电大学、中科院软件所、北京交通委信息中心等 12 个单位，囊括了政府、院校和企业。厦门、海南、无锡等地都开展了关于物联网的研究项目，建立了相关研究基地。

2009 年 11 月 3 日，温家宝总理在人民大会堂向首都科技界发表了题为《让科技引领中国可持续发展》的讲话，再次强调科学选择新兴战略型产业非常重

要,并指示要着力突破传感网、物联网关键技术。中国政府一系列的重要讲话、研讨、报告和相关政策措施表明:大力发展物联网产业将成为中国今后一项具有国家战略意义的重要决策,各级政府部门将大力扶持物联网产业的发展,一系列对物联网产业利好的政策措施也将出台。

2010年,工信部和发改委出台了系列政策支持物联网产业化发展,到2020年之前我国已经规划出3.86万亿元的资金用于推动物联网产业的发展。

中国"十三五"规划已经明确提出,发展宽带融合安全的下一代国家基础设施,推进物联网的应用。物联网将会在智能电网、智能交通、智能物流、智能家居、环境与安全检测、工业与自动化控制、医疗健康、精细农牧业、金融与服务业、国防军事十大领域重点部署。

6.5 智能停车管理系统研究现状

6.5.1 国外现状

国外的智能停车管理系统经过多年的发展,已经很成熟,停车交易的电子化程度非常高,基本进入智能无人化收费阶段,不存在现金交易。

1. 体系完善

政府专门成立了相关机构来研究、协调、开发、制定完善的框架体系,加强项目实施的可行性和可操作性。

2. 数据采集、处理和信息发布系统功能完善

系统建立完成后,相关采集系统、处理系统完善,交通由被动向主动转变,使管理效率极大地提高。

6.5.2 国内现状

国内停车系统发展了20多年,2000年以前属于起步阶段,大家学习国外先进技术,当时汽车属于高消费品,普及率很低,因此城市中停车场和车辆都不多,而停车系统化主要管理目标是防盗和安全问题。2000年以后,尤其是2005年,车辆快速增加,并大幅降价,停车的主要矛盾是车多停车位少,而随着写字楼、大型商业楼、住宅小区的新建,停车场也越建越大,车位引导、反向寻车、城市停车诱导的系统发展了起来。

智能停车管理系统发展到现在落后于动态交通的智能系统的市场发展,过去只重视发展动态交通,而忽略静态交通,目前国内静态交通的研究都没有一个评价指标，而动态交通则有拥堵指数、滤波带等衡量指标。静态交通的发展落后已经成为动态交通的发展障碍。未来动态交通和静态交通并行发展、相互促进，则智能停车市场发展前景非常大。

（1）智能停车系统属于发展初期，从业公司小而散，缺少大型的标杆企业，标准不统一，各自为战，没有领导型大企业。

（2）低质低价恶性竞争严重，企业利润低，不重视品牌和商业信誉，扰乱市场秩序，没有发展后劲。

（3）一些管理系统设计时没有充分考虑我国国情，导致虽然系统很先进，但是未在实际应用中发挥应用技术优势，相反却成为制约管理系统发挥管理作用的"瓶颈"。例如远距离读卡问题，由于停车位的不同，经常造成多卡之间的无线电干扰，或引起收费系统的误操作，无法完成一卡一车、一车一杆的出入口工作流程，造成收费系统的逻辑错误。

（4）国内停车管理系统的核心技术水平和设备制造水平与国外同类相比仍存在一定差距，一些核心技术如远距离读卡技术仍然是国外厂商的专利，如何提高技术研发水平，设备制造水平是目前国内停车管理系统厂商面临的问题。

（5）目前应用的停车管理系统多为独立的系统，整个系统缺少必要的扩展性，无法实现多系统联网功能，也就是无法实现"一卡通"的功能。

（6）国人文明素质待提高，乱停乱放的现象比较严重，无法提供良好的停车环境。

第二篇
技 术 篇

第7章
物联网智慧停车的关键技术

无处不在的物联网服务将会产生海量的数据信息，物联网通过射频识别、智能无线传感、视频识别、地理信息系统、数据库管理、网络通信等技术将产生的海量数据信息存储、客户关系管理、业务数据统计分析、客户数据挖掘、信息整合及商业价值的分析的核心环节进行自主运营。在数据挖掘的基础上，生成新的、融合的物联网应用。

7.1 射频识别技术

典型的 RFID 射频识别系统由硬件组件和软件组件两部分组成，其中硬件部分包括电子标签、读写器；而软件组件则包括中间件和应用系统软件两部分。下面介绍这几个基本的组成部分。

7.1.1 电子标签

电子标签也称射频标签，是 RFID 系统中不可或缺的重要组成部分。根据应用场合的不同，它存在的形态也不一样，但归纳起来都由两部分组成，即 IC 芯片和无线通信天线。其中无线通信天线为内置的，其用来与读写器进行通信。射频识别系统在工作时，先由阅读器发出信号，电子标签中的天线接收到信号后把一部分整流作为直流电源给标签内的电路提供能量，另外一部分则被电子标签内的存储数据信息调制后送回给阅读器。电子标签内载有物品的信息，是整个 RFID 系统中最重要的载体，它的形态多种多样，应用场合不一样，叫法也不一样。如在门禁系统中，载有业主信息的电子标签一般为卡片状，称之为门禁卡或一卡通等；而在动物追踪领域，它一般为纽扣状，与项链一起套在动物的脖子上，称之为动物标签或电子狗牌。电子标签的内部结构如图 7-1 所示。

从图 7-1 中可以看出，电子标签中 IC 芯片部分由存储单元、逻辑控制单元、电压调节器、调制器和解调器等功能模块组成。电压调节器的作用主要是为各电路提供能量，它把阅读器发出的信号通过天线接收，转化为直流电源，通过

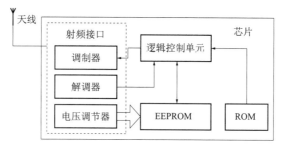

图 7-1 电子标签的内部结构

电容存储,稳定电路稳压,为标签中内部电路提供稳定的电源;逻辑控制单元的作用是把从阅读器收到的信号译码,并按照要求把数据回送给阅读器;调制器的作用是把逻辑控制单元送出的信号进行调制,然后通过天线发送给阅读器;解调器的作用主要是把载波调制信号中的载波信息去掉,得到真正的调制信号。天线的作用前文已介绍,在此不赘述。

电子标签按照不同的分类方法,可分为许多种类。根据电子标签工作的频率不同,可以分为低频标签、中频标签和超高频标签。其中低频指的是频率为 125 kHz 和 225 kHz 等工作频率,中频指的是 13.56 MHz 的工作频率,而超高频指的是 915 MHz、2.45 GHz 和 5.8 GHz 等工作频率。低频标签一般用于物流领域和动物追踪等领域;中频标签一般用于门禁领域;而超高频标签由于识别距离较远,被广泛地应用于高速公路不停车收费、集装箱识别等场合。

根据电子标签的读写性能不一样,有可读写卡、写一次读多次卡和只读卡等几种形式。只读卡价格最便宜,它里面的数据不能修改,安全性在三种卡中最高;写一次读多次卡里面的数据是一次性写进去的,用户不能再修改;可读写卡在三种卡中价格最高,因为它里面的数据可以反复修改,多次写入,如信用卡等。

电子标签根据射频标签的供电形式不同可分为无源电子标签、有源电子标签、半有源电子标签三种。有源电子标签内带有电池,因此价格较高,电池的寿命也是有限的,但是它的射频识别距离可以达到十几米,这是其他两种标签做不到的;而无源电子标签本身不含电池,它必须通过读写器发射信号,从该信号中获取能量,然后再把数据信息传递给读写器。它的优点是质量比较小,体积也可以做得很小,但是它的缺点也是显而易见的,比如它的发射距离就很短,一般只有几十厘米的距离。射频识别系统根据调制方式的不同又可分为被动式射频识别系统、半被动式射频识别系统和主动式射频识别系统。被动式射频识别系统电子标签一般在门禁系统应用较多,它用调制散射的方式来发送数据。主动式射频识别系统适用于有障碍物的场合,标签利用自身的射频能量主动给读写器发送数据。半被动式射频识别系统中,电子标签内部含有电池,但是它只对标签内部的数字电路提供能量,而且标签并不利用自身能量主动发送数据给读写器,而是利用反向散射调制的方式在标签被激活后,传送数据的。

此外,按照封装方式、作用距离、数据格式等不同还有很多分类的方法,如按照作用距离的不同可分为密耦合标签、近耦合标签、疏耦合标签和远距离标签等。无论是哪种分类方法,其工作方式大同小异,都是标签载有物品的信息,以某种方式固定在物品上,通过读写器远距离读取电子标签的信息,完成物品的识别。

7.1.2 读写器

在电子标签与系统进行数据交换时,读写器起到关键性的作用,它是射频识别系统的关键终端,是不可缺少的硬件设备装置,读写器的性能直接影响着系统的稳定性和可靠性。读写器通过天线向标签发送射频调制信号,标签接收到信号后返回一个射频调制信号,这个信号载有标签信息,读写器再通过天线接收该信号,同时经过处理后,传给中间件。一个典型的读写器终端由发射单元、接收单元、信号处理控制单元和电源等部分组成。读写器主机由射频通道模块、控制处理模块和I/O接口模块三部分构成,如图7-2所示。

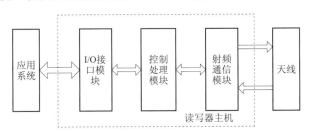

图7-2 标准读写器的结构

1. 读写器的基本构成

读写器由硬件和软件两个部分构成。硬件部分为天线、射频通信模块、控制处理模块、I/O接口模块等部分。天线可以是集成的,也可以是独立外置的。天线在读写器与射频标签通信时,起到一个桥梁作用,读写器通过天线发射电磁能量和接收数据信息。射频通信模块的主要作用是完成通信中信号的调制、解调以及功率放大等。而控制处理模块由于应用场合的需求不一样,其性能也不一样。I/O接口模块根据应用的需求,可以为键盘控制接口、RS-232接口、LCD液晶显示驱动接口或者是和PDA相连的CF接口等。

软件部分的功能是对读写器接收到的信息进行及时响应,同时再向标签发出相应的指令命令,一般来说,软件程序在读写器出厂时,都由生产厂家固化在读写器模块中。按照功能的不同,软件主要包括以下三个部分:

(1) 导入部分。它的作用主要是当系统启动时,事先指定的存储器空间导入对应的程序,然后再运行。

（2）控制部分。它的主要作用是改变读写器的工作模式，控制天线开始发送数据和停止发送数据，以及完成读写器与计算机主机之间的数据交换、命令传输等。

（3）解码部分。它的主要作用是进行代码的转化，比如将指令转化为机器码，将模拟信号转换为数字信号等。

读写器通过射频收发器进行数据的发送和接收，首先向射频标签发送射频能量，然后再从射频标签接收射频信息，最后对返回的信息进行处理，传送给计算机网络。

2. 读写器工作原理

一般情况下，读写器应该按照具体的应用场合，根据电子标签的类型来进行具体的设计。射频技术的发展越来越成熟，读写器的功能也越来越强大。图7-3所示为读写器基本的工作原理。

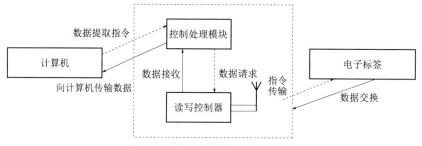

图7-3　读写器基本的工作原理

读写器通过天线与电子标签进行指令传输和数据交换，指令传输和数据交换都是通过空间信道来完成的，读写控制器与控制处理模块进行数据请求和数据接收，再由控制处理模块向计算机传输数据，同时计算机可以向控制处理模块发出数据提取指令。从图7-3可以看出，读写控制器与计算机、电子标签是一个回路形式，读写控制器既可以向计算机发送数据，又可以响应从计算机发出的指令；读写器既可以从电子标签读取数据信息，又可以向标签写入指令信息。

3. 读写器主机模块

读写器主机通常包括射频通道模块、控制处理模块和I/O接口模块，具体如下。

1）射频通道模块

射频通道模块作为读写器的前端，影响着读写器的成本。控制处理模块传送给射频通道模块一个控制命令，后者控制该命令的运行，同时向射频标签发送数据，对标签返回的数据进行解调等处理，再把信号送给控制处理模块。射频通道模块主要有以下几个任务：

（1）发出高频信号，电子标签接收后一部分转化为直流电源为其提供能量。

（2）把射频信号的功率进行放大处理，即进行调制，再通过天线发送给电子标签。

（3）通过天线从电子标签接收信号，再通过解调电路对信号进行解调。

此外，在射频通道模块中还有收发分离电路，把信号通道分隔成两个，读写器向电子标签发送数据时通过发射通道进行，而读取电子标签中的数据时，则通过接收通道来完成。

2）控制处理模块

控制处理模块也称为读写模块，主要任务如下。

（1）接收来自应用系统软件发送来的指令并执行，完成与应用系统软件之间的通信。

（2）对读写器和电子标签进行身份验证，并对两者之间的通信过程进行控制。

（3）在读写器和电子标签进行数据交换时，可以对数据进行加密和解密。

（4）对信号进行编码和解码。

控制处理模块作为读写器的智能单元，除了把送到电子标签的命令进行编码，对回波信号进行解码，控制读写命令的流程等外；同时对接收数据和发送命令的缓存起到一定的作用，可以实现 I/O 接口的控制和应用系统软件之间的通信协议。

3）I/O 接口模块

I/O 接口模块主要是通过与外部设备进行连接，完成读写器与外部设备之间的通信。常用的 I/O 接口有 RS-232 串行接口、以太网接口、打印机接口和 USB 接口等多种接口，通过不同的接口与不同的外部设备进行连接，实现不同的功能。如以太网接口主要给读写器提供上网接口；打印机接口为读写器提供与打印机的连接，可以实现数据的打印输出。根据具体的应用场合，读写器接口的选择也不尽相同，如进行远距离通信时，读写器一般通过 RS-232 串行接口完成，而短距离传输时，可以选择 USB 接口进行通信，近距离无线通信时，则可选红外 IR 接口完成数据的传输。

7.1.3 中间件

中间件位于读写器和后台数据库之间，它包含硬件和软件两个部分，其中硬件指的是与读写器配套使用的设备，如网络接口设备等。软件指的是一些服务程序，它位于服务器和客户计算机操作系统上，对计算机资源和网络的通信起到管理作用。

中间件的引入能够克服 RFID 系统读写器增多或者是后台服务程序增多、软件变更带来的问题，使系统维护更加快捷方便。因为中间件是通过一些应用程序接口与读写器相连的，完成对电子标签的读写，这样即使遇到系统读写器数量增多的情况，通过中间件预留接口就能解决，免除了因系统升级带来的维护复杂性的困扰。

中间件的功能主要包括读写器协调控制、数据过滤与处理、数据路由与集成和进程管理四个方面的功能，它与电子标签、读写器和后台应用程序之间的连接关系如图7-4所示。

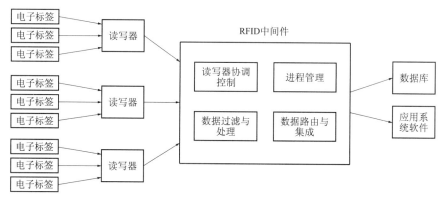

图7-4　RFID中间件与系统的连接关系

随着中间件技术的不断发展和完善，RFID中间件还增加了以下几个内容：如对读写设备的管理、对数据通信过程的管理、对数据的过滤以及对标准的整合等内容。

7.1.4　应用系统软件

在RFID应用系统中，应用系统软件属于整个后台网络的软件部分，后台网络除了软件之外，还有一些网络设备等硬件资源。应用系统软件的功能主要是把数据进行汇总、管理、交互等，同时对整个RFID网络负责管理，确保整个后台网络的正常运行。

根据RFID技术在不同领域的应用，不同行业的特定需求导致了RFID应用系统软件开发时也不尽相同，但RFID应用系统软件的作用是一样的，比如控制读写器对电子标签进行信息的读写，对后台网络汇总的数据进行集中的统计和处理等。在一些特殊的领域，如电子商务领域，RFID应用系统软件可以与企业仓储管理系统、客户关系管理系统等相互结合，对提高企业的生产效益起到至关重要的作用。

7.2　智能无线传感技术

智能无线传感技术综合了传感技术、嵌入式计算技术、现代网络技术、无线通信技术和分布式智能信息处理技术，将功能相同或不同的无线智能传感器构成网络化、智能化的传感器网络，大大提高了传感器的监测能力。本系统中的智能无线传感技术利用车辆通过道路时对地球磁场的影响来完成车辆占位的检测，与目前常用的地磁线圈（又称地感线圈）及超声波检测器相比，具有安装尺寸小、灵敏度高、施工量小、使用寿命长、对路面的破坏小等优点。

7.2.1　无线传感器网络的网络架构和节点组成

无线传感器网络（WSN）通常是指由一组带有嵌入式处理器、传感器以及无线收发装置的节点以自组织的方式构成的无线网络，通过节点的协同工作来采集和处理网络覆盖区域中的目标信息。

传感器节点（Sensor Node）部署在一个目标区域（Sensor Field）中，传感器节点测得的信息（如温度、湿度、光照、压力、速度等）通过多跳的方式传送到汇聚点（Sink），通过汇聚点连入 Internet，最后接入任务管理节点（Task Manager Node）。任务管理节点具有人机界面，可以进行干预、遥控和管理。汇聚点是拥有具有较强通信能力和计算能力和资源的系统，在一些文献和项目中，也被称为基站（BS，Base Station），本书不严格区分这两种说法。

通常每个无线传感器节点不会很大。按尺寸分，有分米级（或称砖块级，Brick）、厘米级（火柴盒级，Matchbox）以及毫米级（砂粒级，Grit）。

它是一个具备感知能力、计算能力和通信能力的微型嵌入式系统，主要由传感模块、处理模块、通信模块以及电源供应模块等部分组成。外部环境的物理量经过传感器测量变成电信号，然后经过放大、模数转换（ADC），产生的数据信息提交给由微控制器（MCU）和内存组成的数据处理模块，最后通过无线通信模块与其他节点进行通信。电源模块则负责整个节点的能源供应。此外 WSN 节点上运行的软件，如操作系统、协议也需要根据有关特性专门设计。

7.2.2　无线传感器网络的主要特点和不同属性

1. 无线传感器网络的主要特点

一个典型的无线传感器网络是由大量同构的、微小的、资源受限的、基本不动的传感器节点随机分布在被测量区域形成的大规模的、自组织的、多跳的、未分割的网络。可见，无线传感器网络的重要特征是大量微型节点的广泛分布，其优点和局限性都与此有关，具体总结如下。

（1）节点多，规模大。无线传感器网络中传感器节点密集、数量巨大，可能达到几百、几千万，甚至更多。这要求相关的通信协议具有良好的可扩展性。

（2）节点体积小。体积小是无线传感器网络节点一个重要特点和目标，也是须大量部署的内在要求。这也是实现它与其他网络不同的特殊优点的重要前提，但因此也带来很多限制因素。

（3）成本低。由于节点多，希望成本低，因此通常节点只装备足够使用的能力，以尽可能减少成本。

（4）部署容易。通常在所在区域随机部署，不需要指定特定的位置。

（5）通常环境较为恶劣。传感器网络经常分布在条件比较恶劣的地方，如军事边界或者一些人员难以进入的地区。节点容易受高山、建筑物、障碍物等地势地貌以及风、雨、雷、电等自然环境的影响。

（6）功耗小，同时电源能量有限。由于节点体积小、成本低，因此节点只能使用较小的电池，电量十分有限。节点采用的器件功耗也比较小。但是无线传感器网络节点通常布置在室外环境恶劣的地方，更换电池不便，所以还需要研究更好的方法来延长网络的生存时间。这是无线传感器网络一个很关键的研究内容。

（7）计算和存储能力有限。由于节点体积小、成本低，因而选用的嵌入式处理器和存储器的计算能力和存储能量都较为有限。如何使用大量具有有限计算能力的节点进行协作分布式信息处理，完成应用任务，是无线传感器网络研究的一个重要课题。

（8）通信能力有限。同样由于体积、成本、能量等限制，通信能力也很有限。无线传感器网络节点的通信覆盖范围只有几十到几百米。传感器网络经常分布在条件比较恶劣的地方，节点之间的通信经常失败。

（9）网络的动态性。无线传感器网络可以分为准静态的和动态的网络。准静态的网络中，一般节点部署后不再移动。而动态网络中的节点则可以移动。即使是准静态的网络，由于资源有限的节点在恶劣的外部环境中容易失效，因而网络的组织仍然是需要动态更新的。动态网络中的节点运动可以分为节点运动而汇聚点不动、节点不动而汇聚点移动、节点和汇聚点都运动等情况。不同的情况有不同的优化方法。

（10）网络有自组织性。无线传感器网络中的节点之间的联系通常通过自组织的方式，没有固定的基础设施作为网络骨干。

2. 无线传感器网络的属性分类

上文列出了无线传感器网络的典型特点，国内外很多算法、协议等方面的研究都默认基于上面的这个模型。尽管如此，仍然有很多应用，尤其是非军事领域的应用有很多不同于这个经典模型的特点，对这些应用的研究目前相对还比较少。

对于民用网络，很多时候，节点的数目有限（比如几十个到几百个）；节点是异构的；节点分布不是随机的；部分节点是移动的；网络的拓扑结构也不是在一堆同构节点中构建自组织的路由，有的时候仅仅是简单的星形连接，而且网络也可以利用现有的基础设施；有时候部分节点的功耗并不重要，因为电源可再生（如使用太阳能电池或定期更换充电）；并非如投入战场，不可维护，而是人工部署，可以回收或控制。因为在民用领域，应用背景十分复杂，新的应用往往是附加在已有的设施条件上，或者利用现有的各种技术，而不会为了理论的方便而采用某种"纯粹"的技术。

为了研究的方便，可以把对一个无线传感器网络的所有研究角度列举出来，根据文献的归纳，可以分为以下方面：部署方式，移动性，节点的成本，尺寸，资源和能源的受限情况，节点间的同构异构性，通信模式，基础架构依赖性，网络拓扑，覆盖范围，连接性，网络大小，网络的生命期，服务质量要求。下面列出无线传感器网络各方面的属性，如表7-1所示。

表7-1 无线传感器网络的属性

节点属性	部署方式	随机抛撒/手工安装；可维护/不可维护
	移动性	不移动/部分节点可移动/所有节点可移动；随机运动/有规律运动
	成本，尺寸 资源，能源	在现有技术条件下，成本、处理能力、存储能力与通信能力以及电源容量通常与尺寸相关，常见的有分米级/厘米级/毫米级
	同构/异构	所有节点结构相同，能力相同/有不同结构
网络属性	通信方式	无线电波/可见光/红外线/声波/超声波
	基础架构	Ad-hoc 自组织/有基础架构
	网络拓扑	单跳/星形/星形网/树形/连通图
	覆盖范围	对目标区域稀疏覆盖/完全覆盖/冗余覆盖
	连接性	节点间连续连通/断续连通/偶然连通
	网络规模	几个节点到几万个节点
	生命期	几个小时到几年
	QoS	实时性，可靠性，安全性，保密性

在实际应用中，用户关注实现无线网络的互联，传输必要的数据和控制信息，它们虽然与以上"典型的"无线传感器网络的特性有若干不同，但是在多数方面仍然符合，同样应作为无线传感器网络的实例进行研究。

7.2.3 无线传感器网络主要研究内容

无线传感器网络的主要研究对象是无线传感器网络的"节点"和无线传感器网络的"网络"。从节点角度，主要是考虑如何在成本低廉、资源有限的条件下采用适合于应用背景的硬件和软件布局，以及它们相互的关系，包括操作系统、能量控制等。从网络的角度，则需要考虑网络的拓扑结构以及网络通信协议的各个层次，包括无线媒介的选择、编码调制方式、媒体接入控制和链路控制、网络层的路由选择，以及更上层的传输协议等。另外，还要有一些支撑技术，比如时钟同步、跟踪定位技术等，虽然在其他领域有相关研究，但在无线传感器网络上有一些特殊的性质需要考虑。与此同时，鉴于无线传感器网络节点规模庞大，可达几百个到上万个，对于通信协议上面的一些算法，制作物理节点后再进行试验验证将是十分困难，甚至是不可能的，这时合适的模拟器和开发平台就显得颇为重要。

1. 节点硬件和操作系统研究

如前所述，每个传感器节点都是一个由传感模块、处理模块、通信模块以及电源供应模块等部分组成的嵌入式系统。嵌入式系统的一般理论可以应用到这上面。但是传感器节点又有相对的特殊性。需要研究的内容包括：

（1）微传感器技术的研究。随着微机电系统（MEMS）技术的进步，更多对现实世界进行测量的技术被开发出来和正在被开发。微传感器技术更多地需要靠物理、化学、材料、生物等各相关学科的进步。在感知能力、感知精度上有所提高，并进一步减小体积。

（2）处理模块在功耗、价格、尺寸上的进一步提高。通常处理器的能力可以按摩尔定律同一般的计算机芯片一起提高。

（3）通信模块。无线通信能力是传感器节点间得以组织成网的基础。开发高性能低功耗的器件以及相关的协议是无线传感器网络研究的一个重要内容。

（4）电源模块。与芯片的处理能力和尺寸快速发展相比，电池的单位体积能量密度的进展相对较慢。电源问题也是诸多移动节点问题的一个关键所在。除了自带电池外，从外界环境中获取能量，以保持节点工作的持久性也是一个研究课题，如从太阳能、环境热能、环境振动中提取能量。还有研究者研究类似生物的采集能量的有趣方法，如通过捕捉和分解消化苍蝇来获得能量。

（5）封装技术。在应用成熟的情况下，以上各模块还可以进一步封装在一起。需要研究相互干扰问题，相关的封装制造技术，比如电池的溅射技术等，以进一步缩小体积，减小质量，降低功耗，削减成本。

（6）由于节点有可能被部署到恶劣环境中，因此还需要有良好的容错度和耐用性。

（7）适应于传感器节点的嵌入式操作系统。要能够在可用资源非常有限的条件下实现对节点设备的调度管理，并满足节点在功耗、延时等各方面的要求。

2. 网络的拓扑结构及各层通信协议栈研究

如同其他网络一样，通信协议栈是 WSN 的重要内容，参考 OSI 和 TCP/IP 网络模型，WSN 也可以大致划分为物理层、数据链路层（包括媒体接入子层 MAC 和链路控制子层 LLC）、网络层以及应用层。由于无线传感器网络的特殊性，层次划分与具体应用也有一定的关系。有人把无线传感器网络的数据处理部分从应用层剥离出来，成为专门的一层，叫作数据管理与处理层。

（1）拓扑结构：无线传感器网络不同于一般的网络，它的拓扑结构不是一成不变。在节点部署结束后，仍然可以通过调整功率等来进行拓扑优化。部分节点失效后也需要进行拓扑结构的调整。

（2）物理层：研究在各种情况（比如节点稀疏、节点稠密、节点基本固定、节点变动频繁）下保持低功耗通信的各种手段。现有的可选手段包括窄带、扩频和超宽带技术。其他一些已有的通信网络技术，只要能满足网络在功耗、覆盖范围、传输率等方面的条件也可以应用到无线传感器网络中。

（3）数据链路层：媒体访问和接入控制；信道分配和调度机制研究；节省能耗的节点休眠机制研究和多指标折中的分布式 MAC 协议研究。

（4）网络层（路由层）：高效、健壮的拓扑形成和控制协议研究；自适应网络覆盖算法研究；低功耗、实时、自组织的信息传输路径的建立机制研究。

（5）数据管理与处理层：该层用于支持感知数据的存储、存取、查询以及分析和挖掘。一般（无线）网络只是作为数据的媒介，数据从源到汇聚点没有发生变化。而在无线传感器网络中，为了节省数据传输量，数据需要在各个中间传输节点中进行融合。

3. WSN 的纵向管理平面研究

除了横向的分层次的网络通信协议，系统还需要实现跨越各层次的一些管理功能，比如：

（1）能源管理。无线传感器网络的一个重要特点是能源受限，且通常不可更新，所以节能问题是一项重要的研究内容。节能不仅牵涉处理器和通信模块的硬件（包括休眠设计），还需要在通信协议的各层及操作系统中加以协调和控制。

（2）时钟同步。节点间的相互通信需要一定的同步机制。尤为重要的是，在 WSN 中，为了节省功耗，各节点会轮流进入休眠状态，为保证相互通信的节点能同时醒来，同步就很重要。

（3）定位机制。了解节点自身的位置对无线传感器网络具有重大意义。

（4）安全机制。在很多应用，尤其是军事应用中，研究安全机制，应对敌方的干扰、破坏、截取信息、伪装等攻击尤为重要。

（5）其他。还有一些其他功能需要跨越通信栈的各平面层次共同完成。

这些机制需要各层之间相互配合才能实现，因而成纵向分布，通常每项称为一个平面（Plane）。

4. WSN 应用研究

无线传感器网络是无线网络功能不断细分以及多种技术进步的结果。目前的应用研究广泛分布在军事侦察、环境保护、先进农业、健康护理、交通管理、物流跟踪、安全检测等领域。总结一下，这些应用可以分为以下几类：

（1）特定区域环境变量的监测，对异常事件进行警告。这些监测可以涵盖具体的军事和民用领域的各个方面。

（2）定位、跟踪问题。被跟踪的可以是网络中的一个节点，也可以是被监视的其他物体。目标可以有一个，也可以有多个。

（3）基于应用的任务调度和动态资源分配问题研究。

（4）部署策略的研究。针对特定目的应用，高效地部署节点，既能有效覆盖，顺利完成任务，又能够节约节点和能量。

另外，还有一类应用是由无线传感器网络扩展而得的，在传感器节点上安装了执行器（Autuator），或者网络中另外有一些节点具备执行的功能，有人称之为传感器与执行器网络 WSAN。这些网络中，节点不仅监测信息提供给用户（或称为观察者），而且可以根据用户预先设定的参数，直接根据观测结果执行某些操作。

由于无线传感器网络具有成本相对低廉、部署容易、使用灵活等特点，新的应用领域也将不断地被开发出来。

5. 开发工具和环境

类似于其他嵌入式系统，无线传感器网络的开发也需要有相关的开发环境。由于节点的开发通常需要软硬件同步开发，因此开发环境需要实现下列功能：

（1）软硬件协同开发。

（2）网络模拟器。通常在网络协议等研究中需要网络模拟器。其与传统的网络模拟器不同的是，WSN 的模拟器不仅考虑流量、连通时间等参数，而更关注节点功耗、网络功耗、节点生存时间、网络生存时间、移动性、故障处理等问题。

7.2.4 相关研究机构和研究项目

无线传感器网络是在传感器技术、通信技术和计算机技术这几个不同领域的共同进展推动下产生的。早期的一些项目主要应用在军事上，节点结合了传感器、无线通信和计算机的功能，具备无线传感器网络的雏形。但由于在前 PC 时代，计算机的体积庞大而计算能力不足，移动性弱，部署不便，还不能称之为完全的无线传感器网络系统。

进入 20 世纪 90 年代后，一些著名的项目开展起来。

首先关注无线传感器网络节点。加州大学洛杉矶分校（UCLA）的 WINS 项目和加州大学伯克力分校（UC Berkeley）的 Smart Dust 项目偏重于对小型化节点设备的研究。

1993 年开始，由美国国防高级研究计划署（DARPA）资助的，加州大学洛杉矶分校联合罗克韦尔研究中心负责研究的 WINS（Wireless Integrated Network Sensors）项目，研究了 MEMS 传感器和接收器、信号处理结构、网络协议设计和监测理论的基本原理，对传感器网络设计的各个方面都进行了初步探索。

1999 年开始的 UC Berkeley 的 Smart Dust 项目目标是研制体积不超过一立方毫米，使用太阳能电池供电，具有光通信能力的自治传感器节点。由于体积和质量小，该节点可以附着在其他物体上，甚至漂浮在空气中。

1996 年起，麻省理工学院（MIT）的 uAMPS（Micro-adaptive Multi-domain Power-aware Sensors）项目开始关注网络问题，以节能、自组织、可重构为目标，针对 WSN 网络层提出了一种层次路由协议——LEACH（低功耗自适应分簇层次路由算法）。该算法对无线传感器网络进行分簇管理，后来成为很多拓扑和路由控制算法的基础。LEACH 的作者 W. Heinzelman 博士毕业后在罗切斯特大学任教，继续进行相关领域研究。

UC Berkeley 开发了 Mica 系列无线传感器网络硬件平台和 TinyOS 操作系统。Mica 的硬件采用模块式结构，将"运算和通信平台"与"传感器平台"分开设计，有利于其他研究者自由组合。TinyOS 采用轻量级线程、主动消息机制和事件驱动模型，适应无线传感器网络节点资源少，并行度相对较高的需要；采用组件模型，扩展性好。由于 Mica 和 TinyOS 都是公开的和开放的，故成为许多机构采用的公共研究平台，并且成为很多后续项目的基础。

在这些项目的基础上，UCLA 和 UCBerkeley 分别成立了专门机构来研究无线传感器网络的问题。

在美国自然科学基金（NSF）等单位的资助下，UCLA 联合其他一些机构成立了 CENS（Center for Embedded Networked Sensing）。该中心对无线传感器网络相关的很多领域进行研究，在多个方面取得成果，比如跟踪定位与节点部署、调试工具、数据存储与查询、能量管理等诸多方面。CENS 目前由 Deborah Estrin 教授领导。

UC Berkeley 则成立了 WEBS（Wireless Embedded Systems）。WEBS 负责很多项目，包括前面所述的 Smart Dust 以及 NEST 项目（含原来的 Mica TinyOS 以及一些关联项目，如数据查询系统 TinyDB），该项目组的研究涉及硬件平台、安全路由、环境监测、定位系统等许多方面。WEBS 目前由 David Cutler 教授领导。

此外，企业界也有直接的相关研究。如 Intel 公司也研发了传感节点的硬件平台——Intel Mote，同样采用 TinyOS 作为它的操作系统。微软研究院的 NEC（Networked Embedded Computing）研究组致力于研究、开发用于组织和管理传感器网络系统的新的架构、模型和工具，以及一些诸如安全、交通、健康等方面的新型应用。

由于无线传感器网络涉及大量节点，节点本身的调试存在困难，互相之间的通信也会受环境的影响和干扰，故在进行研究的时候，布设大量的实物节点不仅困难，甚至难以实现。这就需要有相应的模拟和仿真工具。近年来，在原来的一些网络模拟器基础上针对无线传感器网络也开发了一些套件，如 SenserSi 项目在

NS-2 的基础上加入了能量和传感器通路的模块，在 OMNet++ 上的 SenSim、SENSE 项目，还有 JavaSim，SSFNe，Glomosim 以及 Qualnet 等。

随着相关研究的进展，有关学术会议也逐渐增多，IEEE 的一些相关学术刊物也经常会有相关论文发表。2005 年 8 月，另一个著名学术机构 ACM（美国计算机学会）开始出版 *ACM Transactions on Sensor Networks*，专门研究传感器网络问题。

7.2.5　无线传感器网络的应用

无线传感器网络在军事、生态环境监测、先进农牧业、安全生产、物流管理、医疗健康、智能家居等各个领域应用的研究逐渐展开，下面简单介绍一下更多的例子。

（1）军事侦察。用于侦察敌情，监控兵力、装备和物资，判断生物化学攻击，友军兵力、装备、弹药调配监视等。还可进行射击点和弹道定位。

（2）环境监测，动植物监测，先进农业。如 UCBerkeley 等单位在美国缅因州 Great Duck 岛对海燕栖息地的生态环境进行监测；在肯尼亚 Mpala 研究中心对大规模野生动物（野马、斑马、狮子等）栖息地进行考察的 ZebraNet 项目；对挪威的 Briksdalsbreen 的冰河观测以了解地球气候的 GLACSWEB 项目；畜牧的虚拟篱笆项目；在英格兰近海的海底测量网络，测量压力、温度、传导率、水流、浊度等；在美国俄勒冈州进行的葡萄园监控（温度、土壤湿度、灯光、空气湿度等）。

（3）工业监控，物流管理，智能建筑。如冷冻食品链管理；雪崩事故救援；自动化库存管理；机器人控制；设备故障诊断；恶劣环境生产过程监控；传统布线难以实现的设备联网；写字楼电能使用监测；建筑物安全监控等。

（4）居家及体育、健康、医疗等应用。如家具装配，智能玩具；生命体征监测；乒乓球训练、足球裁判辅助系统等。

（5）智能交通。智能交通系统上的应用在文献上有较多提及，但实际具体的例子尚少见。

7.3　地理信息系统（GIS）技术

7.3.1　GIS 的基本概念

1. 信息和地理信息

信息的定义：用文字、数字、符号、语言、图象、图形等介质来表达事件、事物或现象等的内容、数量和特征，从而向人们（或系统）提供的关于现实世界新的事实和知识。

特征：客观性、适用性、可传输性、共享性。

数据的定义：一种未加工的原始资料。文字、数字、符号、语言、图象、图形等都是数据。

信息与数据的关系：数据是信息表示的载体，信息是数据表示的内容。

地理信息的定义：关于地理实体、现象或关系的本质、特征及其运动状态、规律的表征和一切有用的知识。

地理数据的定义：各种地理特征、现象和关系的符号化表示，包括空间位置及其关系、属性特征和时域特征三部分，称为空间数据的基本特征。

地理信息的特征除了具备信息的一般特征外，还有以下特征：空间分布性、数据量大、信息载体多样性、时序性。

2. 信息系统和地理信息系统

（1）信息系统的定义：具有采集、管理、分析和表达数据能力的系统。在计算机时代，信息系统都部分或全部由计算机系统支持，并由硬件、软件、数据和用户四大要素组成。

（2）地理信息系统的定义：是以采集、存储、管理、分析和描述整个或部分地球表面（包括大气层在内）与空间和地理分布有关的数据的计算机空间信息系统。

地理信息系统简称为 GIS。关于它确切的全称，多数人认为是 Geographical Information System，也有人认为是 Geo Information System。国际上现发行的两种主要的专业杂志，就是各自采用不同的全称，前者是英国出版的季刊的全称，后者是德国出版的季刊的全称。在加拿大和澳大利亚，则称为 Land Information System。在我国，通常称为 Resources and Environmental Information Systems。全称虽有差异，但简称都是 GIS。

GIS 对于不同的部门和不同的应用目的，其定义也不尽相同。例如，美国学者 Parker 认为"GIS 是一种存储、分析和显示空间与非空间数据的信息技术"。Goodchild 把 GIS 定义为"采集、存储、管理、分析和显示有关地理现象信息的综合系统"。加拿大的 Roger Tomlinson 认为"GIS 是全方位分析和操作地理数据的数字系统"。Burrough 认为"GIS 是属于从现实世界中采集、存储、提取、转换和显示空间数据的一组有力的工具"。俄罗斯学者也把 GIS 定义为"一种解决各种复杂的地理相关问题，以及具有内部联系的工具集合"。

3. 地理信息系统的分类

（1）地理信息系统按存储数据的范围大小，可划分为全球的、区域的和局部的三种。

（2）地理信息系统按表达空间维数，分为 2 维和 3 维。通常 GIS 研究地球表层的若干要素的分布，属 2~2.5 维 GIS，布满整个三维空间建立的 GIS，才是真三维 GIS。一般也将数字位置模型（2 维）和数字高程模型（1 维）的结合称为 2+1 维或 2.5 维 GIS。

（3）地理信息系统按是否直接存储时间尺度，分为静态和动态。如果考虑时间维度，也称为时态 GIS 或动态 GIS。否则为静态。

（4）地理信息系统按事件处理内容和方式，分为事务处理或管理 GIS 和决策支持 GIS。

7.3.2　GIS 的基本组成

1. 单机模式的硬件组成（单用户模式）

单机模式的硬件主要由高档计算机（高档微机、工作站或小型机）、数据输入设备、数据输出设备和数据存储设备组成。

目前运行 GIS 的主机，包括大型、中型、小型机，工作站/服务器和微型计算机。其中各种类型的工作站/服务器成为 GIS 的主流，特别是由 Intel 硬件和 Windows NT 构成的 PC 工作站正成为工作站市场的新宠，传统 UNIX 阵营的用户正在逐渐向它转移。NT 工作站对 GIS 用户的吸引力，包括相对低成本、可管理性、标准图形化平台和具有 PC 结构与效率等，因此广泛应用于 GIS 和某些科学应用领域。例如，ARC/INFO、INTERGRAPH、MAPINFO 和 GENAMAP 等主流 GIS 产品，都相继开发出其 NT 版本，但目前功能与 UNIX 版相比仍有待提升。

2. 网络模式的 GIS 硬件组成（多用户模式）

网络模式的 GIS 主要在单机模式的基础上增加网络设备，如服务器、客户机、路由器、交换机、集线器、传输介质等。网络的拓扑结构有总线结构（楼宇网）、星形结构和环形结构（园区网）

20 世纪 90 年代以来，计算机技术的飞速发展不断改变着 GIS 的结构体系，从主机及终端结构到 Client/Server，再到 Internet/Intranet。

网络设备包括布线系统、网桥、路由器和交换机等。在进行 GIS 网络设计时，必须首先确定网络应用的需求，然后具体考虑网络类型、互联设备、网络操作系统和服务器的选择，以及网络拓扑结构、网络布线和网络安全性保障等。只有通过对新技术的深刻理解、对新产品的广泛关注以及对应用需求的准确把握，才能设计出一个合理的 GIS 网络。

网络在整个 GIS 项目中处于至关重要的地位。GIS 应用与常规事务处理有很大不同，突出表现在巨大的数据量、复杂的处理方式、空间的分布性，以及对安全容错机制的要求上，网络设计必须满足以下要求：

（1）网络性能高，传输速率快。

GIS 处理对象以图形图像为主，数据量大，非常规类型。当用户较多时，网络传输繁重，容易造成网络阻塞，因而要求有足够带宽和灵活的传送技术。

(2) Client/Server、Intranet 结构，分布式数据处理。

GIS 系统是一个有机组合的群体，通过网络将地理上分散、具有自治功能的多个计算机系统互联，实现信息交换、资源共享和协同工作。支持空间分布性、联机事务处理、多用户并发操作，是 GIS 网络基本特征。

(3) 多媒体数据同步传输。

GIS 处理越来越多地涉及声音、动画、影视等多媒体数据，因此需要实现时间敏感数据的同步传输。

(4) 空间操作的复杂性，长型事务处理。

GIS 基于空间数据的操作，例如图形修改、拓扑关系建立，都要求独占主机和网络资源，网络必须对此提供足够的支持，而且一旦操作失败，应具备容错和恢复等安全机制。

(5) GIS 网络构成复杂，涉及诸多硬件平台、操作系统、网络类型的综合集成。

GIS 硬件平台从传统小型机到各种 UNIX 服务器直至流行的个人工作站，几乎包括了计算产品的各种类型，还有扫描仪、绘图仪、数字化仪、硬盘阵列等专用设备；GIS 系统必须同时支持 UNIX、NT、Windows 95 等操作系统及 Web/Browser 应用，其客户端、服务器、中间件、开发工具等产品种类繁多、性能各异；网络设备选择涉及集线器、交换机、路由器、远程访问服务器等各个方面；如何从实际出发，对计算资源进行合理选型与配置以发挥最佳效益，是 GIS 网络设计的关键所在。

根据 GIS 上述特征，应采取结构化网络设计方式，进行细致的工作群组划分和网络分段，按照应用特点选择不同的网络技术，充分发挥各自优势；使用高性能服务器、交换机以提升网络主干性能。

由于应用规模和实际需求不同，GIS 网络设计存在较大差别，按规模有小型快速共享局域网、中型交换式局域网、大型 ATM 企业园区网、大型千兆以太企业广域网等不同模式。

7.3.3 GIS 软件组成

GIS 软件主要由系统软件（操作系统、网络软件等）、数据库软件（如 Oracal、Sybase、SQL Server 等）、GIS 软件平台（如 Arc/Info、MapInfo 等）、应用软件（GIS 二次开发软件、GIS 组件库等）组成。

GIS 软件按应用目的可分为工具型软件和应用型软件。

工具型软件，也称为 GIS 工具软件或 GIS 平台，是由软件商开发的通用软件平台，基本包含了 GIS 软件全部的功能，是 GIS 二次应用开发的基本平台。

应用型软件，主要是 GIS 应用者根据需要，根据某种 GIS 平台开发的专业应用软件。

7.4 数据库管理系统

数据库管理系统（Database Management System）是一种操纵和管理数据库的大型软件，用于建立、使用和维护数据库，简称 DBMS。它对数据库进行统一的管理和控制，以保证数据库的安全性和完整性。用户通过 DBMS 访问数据库中的数据，数据库管理员也通过 DBMS 进行数据库的维护工作。它可使多个应用程序和用户用不同的方法在相同时刻或不同时刻去建立、修改和询问数据库。DBMS 提供数据定义语言 DDL（Data Definition Language）与数据操作语言 DML（Data Manipulation Language），供用户定义数据库的模式结构与权限约束，实现对数据的追加、删除等操作。

数据库管理系统专门研究如何存储和管理所有类型的数据，其中包括地理数据。DBMS 使存储和查找数据最优化，许多 GIS 为此而依靠它。相对于 GIS 而言，它没有分析和可视化的工具。

7.4.1 数据库管理系统的介绍

数据库（Database，有时拼作 Data Base）又称为电子数据库，是专门组织起来的一组数据或信息，其目的是便于计算机快速查询及检索。数据库的结构是专门设计的，在各种数据处理操作命令的支持下，可以简化数据的存储、检索、修改和删除。数据库可以存储在磁盘、磁带、光盘或其他辅助存储设备上。

数据库由一个或一套文件组成，其中的信息可以分解为记录，每一记录又包含一个或多个字段（或称为域）。字段是数据存取的基本单位。数据库用于描述实体，其中的一个字段通常表示与实体的某一属性相关的信息。通过关键字以及各种分类（排序）命令，用户可以对多条记录的字段进行查询，重新整理、分组或选择，以实现对某一类数据的检索，也可以生成报表。

所有数据库（最简单的除外）中都有复杂的数据关系及其链接。处理与创建、访问以及维护数据库记录有关的复杂任务的系统软件包叫作数据库管理系统（DBMS）。DBMS 软件包中的程序在数据库与其用户间建立接口（这些用户可以是应用程序员、管理员及其他需要信息的人员和各种操作系统程序）。

DBMS 可组织、处理和表示从数据库中选出的数据元。该功能使决策者能搜索、探查和查询数据库的内容，从而对在正规报告中没有的、不再出现的且无法预料的问题做出回答。这些问题最初可能是模糊的并且（或者）是定义不恰当的，但是人们可以浏览数据库直到获得所需的信息。简言之，DBMS 将"管理"

存储的数据项，并从公共数据库中汇集所需的数据项以回答非程序员的询问。

DBMS 由 3 个主要部分组成：

（1）存储子系统，用来存储和检索文件中的数据。

（2）建模和操作子系统，提供组织数据以及添加、删除、维护、更新数据的方法。

（3）用户和 DBMS 之间的接口。在提高数据库管理系统的价值和有效性方面正在展现以下一些重要发展趋势。

①管理人员需要最新的信息以做出有效的决策。

②客户需要越来越复杂的信息服务以及更多的有关其订单、发票和账号的当前信息。

③用户发现他们可以使用传统的程序设计语言，在很短的一段时间内用数据库系统开发客户应用程序。

④商业公司发现了信息的战略价值，它们利用数据库系统领先于竞争对手。

数据库模型：

数据库模型描述了在数据库中结构化和操纵数据的方法，模型的结构部分规定了数据如何被描述（例如树、表等）；模型的操纵部分规定了数据添加、删除、显示、维护、打印、查找、选择、排序和更新等操作。

（1）分层模型。

第一个数据库管理系统使用的是分层模型，也就是说，将数据记录排列成树形结构。一些记录时根目录，在其他所有记录都有独立的父记录。树形结构的设计反映了数据被使用的顺序，也就是首先访问处于树根位置的记录。

分层模型的开发是因为分层关系在商业应用中普遍存在，众所周知，一个组织结构图表就描述了一种分层关系：高层管理人员在最高层，中层管理人员在较低的层次，负责具体事务的雇员在最底层。值得注意的是，在一个严格的分层结构体系中，在每个管理层下可能有多个雇员或多个层次的雇员，但每个雇员只有一个管理者。分层结构数据的典型特征是数据之间的一对多关系。

在分层方法中，当数据库建立时，每一关系即被明确地定义。在分层数据库中的每一记录只能包含一个关键字段，任意两个字段之间只能有一种关系。由于数据并不总是遵循这种严格的分层关系，因此这样可能会出现一些问题。

（2）关系模型。

1970 年，数据库研究取得了重大突破。E. F. Codd 提出了一种截然不同的数据库管理方法，使用表作为数据结构，称之为关系模型。

关系数据库是使用最广的数据结构，数据被组织成关系表，每个表由称作记录的行和称作字段的列组成。每个记录包含了专用项目的字段值。例如，在一个包含雇员信息的表中，一个记录包含了像一个人姓名和地址这样的字段的值。

结构化查询语言（SQL）是一种在关系型数据库中用于处理数据的查询语

言。它是非过程化语言或者说是描述性的，用户只须指定一种类似于英语的描述，用来确定操作，记录或描述记录组合。查询优化器将这种描述翻译为过程执行数据库操作。

（3）网状模型。

网状模型在数据之间通过链接表结构创建关系，子记录可以链接到多个父记录。这种将记录和链接捆绑到一起的方法叫作指针，它是指向一个记录存储位置的存储地址。使用网状方法，一个子记录可以链接到一个关键记录，同时，它本身也可以作为一个关键记录，链接到其他一系列子记录。在早期，网状模型比其他模型更有性能优势；但是在今天，这种优势的特点只有在自动柜员机网络、航空预订系统等大容量和高速处理过程中才是最重要的。

分层和网状数据库都是专用程序，如果开发一个新的应用程序，那么在不同的应用程序中保持数据库的一致性是非常困难的。例如开发一个退休金程序，需要访问雇员数据，这一数据同时也被工资单程序访问。虽然数据是相同的，但是也必须建立新的数据库。

（4）对象模型。

最新的数据库管理方法是使用对象模型，记录由被称作对象的实体来描述，可以在对象中存储数据，同时提供方法或程序执行特定的任务。

对象模型使用的查询语言与开发数据库程序所使用的面向对象的程序设计语言是相同的，因为没有像SQL这样简单统一的查询语言，所以会产生一些问题。对象模型相对较新，仅有少数几个面向对象的数据库实例。它引起了人们的关注，因为选择面向对象程序设计语言的开发人员希望有一个基于在对象模型基础上的数据库。

（5）分布式数据库。

类似的，分布式数据库指的是数据库的各个部分分别存储在物理上相互分开的计算机上。分布式数据库的一个目的是访问数据信息时不必考虑其他位置。注意，一旦用户和数据分开，通信和网络则开始扮演重要角色。

分布式数据库需要部分常驻于大型主机上的软件，这些软件在大型主机和个人计算机之间建立桥梁，并解决数据格式不兼容的问题。在理想情况下，大型主机上的数据库看起来像是一个大的信息仓库，而大部分处理则在个人计算机上完成。

分布式数据库系统的一个缺点是它们常以主机中心模型为基础，在这种模型中，大型主机看起来像是雇主，而终端和个人计算机看起来像是奴隶。但是这种方法也有许多优点：由于数据库的集中控制，前面提到的数据完整性和安全性的问题就迎刃而解了。当今的个人计算机、部门级计算机和分布式处理都需要计算机之间以及应用程序之间在相等或对等的基础上相互通信，在数据库中客户机/服务器模型为分布式数据库提供了框架结构。

利用相互连接的计算机上运行的数据库应用程序的一种方法是将程序分解为

相互独立的部分。客户端是一个最终用户或通过网络申请资源的计算机程序，服务器是一个运行着的计算机软件，存储着那些通过网络传输的申请。当申请的资源是数据库中的数据时，客户机/服务器模型则为分布式数据库提供了框架结构。

文件服务器指的是一个通过网络提供文件访问的软件，专门的文件服务器是一台被指定为文件服务器的计算机。这是非常有用的，例如，如果文件比较大而且需要快速访问，在这种情况下，一台微型计算机或大型主机将被用作文件服务器。分布式文件服务器将文件分散到不同的计算机上，而不是将它们集中存放到专门的文件服务器上。

后一种文件服务器的优点包括在其他计算机上存储和检索文件的能力，并可以在每一台计算机上消除重复文件。然而，一个重要的缺点是每个读写请求需要在网络上传播，在刷新文件时可能出现问题。假设一个用户申请文件中的一个数据并修改它，同时另外一个用户也申请这个数据并修改它，解决这种问题的方法叫作数据锁定，即第一个申请使其他申请处于等待状态，直到完成第一个申请，其他用户可以读取这个数据，但不能修改。

数据库服务器是一个通过网络为数据库申请提供服务的软件，例如，假设某个用户在他的个人计算机上输入了一个数据查询命令，如果应用程序按照客户机/服务器模型设计，那么个人计算机上的查询语言通过网络传送到数据库服务器上，当发现数据时发出通知。

在工程界也有许多分布式数据库的例子，如 SUN 公司的网络文件系统（NFS）被应用到计算机辅助工程应用程序中，将数据分散到由 SUN 工作站组成的网络上的不同硬盘之间。

分布式数据库是革命性的进步，因为把数据存放在被使用位置上是很合乎常理的。例如一个大公司不同部门之间的计算机，应该将数据存储在本地，然而，当被授权的管理人员需要整理部门数据时，数据应该能够被访问。数据库信息系统软件将保护数据库的安全性和完整性，对用户而言，分布式数据库和非分布式数据库看起来没有什么差别。

7.4.2　常用数据库管理系统简介

目前，市场上比较流行的数据库管理系统产品主要是 Oracle、IBM、Microsoft 和 Sybase、Mysql 等公司的产品，下面对常用的几种系统做简要的介绍。

1. Oracle

Oracle 数据库被认为是业界目前比较成功的关系型数据库管理系统。Oracle 公司是世界第二大软件供应商，是数据库软件领域第一大厂商（大型机市场除外）。Oracle 的数据库产品被认为是运行稳定、功能齐全、性能超群的贵族产品。这一方面反映了它在技术方面的领先；另一方面也反映了它在价格定位上更着重于大型的企业数据库领域。对于数据量大、事务处理繁忙、安全性要求高的企业，Oracle 无疑是比较理想的选择（当然用户必须在费用方面做出充足的考虑，因为 Oracle 数据库在同类产品中是比较贵的）。Internet 的普及，带动了网络经济的发展，Oracle 适时地将自己的产品紧密地和网络计算结合起来，成为在 Internet 应用领域数据库厂商中的佼佼者。

Oracle 数据库可以运行在 UNIX、Windows 等主流操作系统平台，完全支持所有的工业标准，并获得最高级别的 ISO 标准安全性认证。Oracle 采用完全开放策略，可以使客户选择最适合的解决方案，同时对开发商提供全力支持。

2. DB2

DB2 是 IBM 公司的产品，是一个多媒体、Web 关系型数据库管理系统，其功能足以满足大中型公司的需要，并可灵活地服务于中小型电子商务解决方案。DB2 系统在企业级的应用中十分广泛，目前全球 DB2 系统用户超过 6 000 万，分布于约 40 万家公司。

1968 年 IBM 公司推出的 IMS（Information Management System）是层次数据库系统的典型代表，是第一个大型的商用数据库管理系统。1970 年，IBM 公司的研究员首次提出了数据库系统的关系模型，开创了数据库关系方法和关系数据理论的研究，为数据库技术奠定了基础。目前 IBM 仍然是最大的数据库产品提供商（在大型机领域处于垄断地位），财富 100 强企业中的 100% 和财富 500 强企业中的 80% 都使用了 IBM 的 DB2 数据库产品。DB2 的另一个非常重要的优势在于基于 DB2 的成熟应用非常丰富，有众多的应用软件开发商围绕在 IBM 的周围。2001 年，IBM 公司兼并了世界排名第四的著名数据库公司 Informix，并将其所拥有的先进特性融入到 DB2 当中，使 DB2 系统的性能和功能有了进一步提高。

DB2 数据库系统采用多进程、多线索体系结构，可以运行于多种操作系统之上，并分别根据相应平台环境做了调整和优化，以便能够达到较好的性能。DB2 目前支持从 PC 到 UNIX，从中小型机到大型机，从 IBM 到非 IBM（HP 及 SUN UNIX 系统等）的各种操作平台，可以在主机上以主/从方式独立运行，也可以在客户机/服务器环境中运行。其中服务平台可以是 OS/400，AIX，OS/2，HP-UNIX，SUN-Solaris 等操作系统，客户机平台可以是 OS/2 或 Windows，DOS，AIX，HP-UX，SUNSolaris 等操作系统。

3. SQL Server

SQL Server 是微软公司开发的大型关系型数据库系统。SQL Server 的功能比较全面，效率高，可以作为大中型企业或单位的数据库平台。SQL Server 在可伸缩性与可靠性方面做了许多工作，近年来在许多企业的高端服务器上得到了广泛的应用。同时，该产品继承了微软产品界面友好、易学易用的特点，与其他大型数据库产品相比，在操作性和交互性方面独树一帜。SQL Server 可以与 Windows 操作系统紧密集成，这种安排使 SQL Server 能充分利用操作系统所提供的特性，不论是应用程序、开发速度还是系统事务处理运行速度，都能得到较大的提升。另外，SQL Server 可以借助浏览器实现数据库查询功能，并支持内容丰富的扩展标记语言（XML），提供了全面支持 Web 功能的数据库解决方案。对于在 Windows 平台上开发的各种企业级信息管理系统来说，不论是 C/S（客户机/服务器）架构还是 B/S（浏览器/服务器）架构，SQL Server 都是一个很好的选择。SQL Server 的缺点是只能在 Windows 系统下运行。

4. Sybase 系列

Sybase 公司成立于 1984 年 11 月，产品研究和开发包括企业级数据库、数据复制和数据访问。主要产品：Sybase 的旗舰数据库产品 Adaptive Server Enterprise，Adaptive Server Replication，Adaptive Server Connect 及异构数据库互连选件。SybaseASE 是其主要的数据库产品，可以运行在 UNIX 和 Windows 平台。移动数据库产品 Adaptive Server Anywhere。Sybase Warehouse Studio 在客户分析、市场划分和财务规划方面提供了专门的分析解决方案。Warehouse Studio 的核心产品有 Adaptive Server IQ，其专利化的从底层设计的数据存储技术能快速查询大量数据。围绕 Adaptive Server IQ 有一套完整的工具集，包括数据仓库或数据集市的设计、各种数据源的集成转换、信息的可视化分析以及关键客户数据（元数据）的管理。

Internet 应用方面的产品有中间层应用服务器以及强大的 RAD 开发工具 PowerBuilder 和业界领先的 4GL 工具。

5. FoxPro

Visual FoxPro 是微软公司开发的一个微机平台关系型数据库系统，支持网络功能，适合作为客户机/服务器和 Internet 环境下管理信息系统的开发工具。Visual FoxPro 的设计工具、面向对象的以数据为中心的语言机制、快速数据引擎、创建组件功能使它成为一种功能较为强大的开发工具，开发人员可以使用它开发基于 Windows 分布式内部网应用程序（Windows Distributed interNet Applications——DNA）。

Visual FoxPro 是在 dBASE 和 FoxBase 系统的基础上发展而成的。20 世纪 80 年代初期，dBASE 成为 PC 机上最流行的数据库管理系统。当时超过大多数的管理信息系统采用了 dBASE 作为系统开发平台。后来出现的 FoxBase 几乎完全支持了 dBASE 的所有功能，已经具有了强大的数据处理能力。Visual FoxPro 的出现是 xBASE 系列数据库系统的一个飞跃，给 PC 数据库开发带来了革命性的变化。Visual FoxPro 不仅在图形用户界面的设计方面采用了一些新的技术，还提供了所见即所得的报表和屏幕格式设计工具。同时，增加了 Rushmore 技术，使系统性能有了本质的提高。Visual FoxPro 只能在 Windows 系统下运行。

6. Access

Access 是微软 Office 办公套件中一个重要成员。自从 1992 年开始销售以来，

Access 已经卖出了超过 6 000 万份，现在它已经成为世界上最流行的桌面数据库管理系统。

和 Visual FoxPro 相比，Access 更加简单易学，一个普通的计算机用户即可掌握并使用它。同时，Access 的功能也足以应付一般的小型数据管理及处理需要。无论用户是要创建一个个人使用的独立的桌面数据库，还是部门或中小公司使用的数据库，在需要管理和共享数据时，都可以使用 Access 作为数据库平台，提高个人的工作效率。例如，可以使用 Access 处理公司的客户订单数据；管理自己的个人通讯录；进行科研数据的记录和处理等。Access 只能在 Windows 系统下运行。

Access 最大的特点是界面友好，简单易用，和其他 Office 成员一样，极易被一般用户所接受。因此，在许多低端数据库应用程序中，经常使用 Access 作为数据库平台；在初次学习数据库系统时，很多用户也是从 Access 开始的。

7.5 网络通信技术

网络通信技术（Network Communication Technology，NCT）是指通过计算机和网络通信设备对图形和文字等形式的资料进行采集、存储、处理和传输等，使信息资源达到充分共享的技术。

通信网络技术中的通信网是一种由通信端点、节（结）点和传输链路相互有机地连接起来，以实现在两个或更多的规定通信端点之间提供连接或非连接传输的通信体系。

通信网按功能与用途不同，一般可分为物理网、业务网和支撑管理网三种。物理网是由用户终端、交换系统、传输系统等通信设备所组成的实体结构，是通信网的物质基础，也称装备网。用户终端是通信网的外围设备，它将用户发送的各种形式的信息转变为电磁信号送入通信网路传送，或将从通信网路中接收到的电磁信号等转变为用户可识别的信息。用户终端按其功能不同，可分为电话终端、非话终端及多媒体通信终端。电话终端指普通电话机、移动电话机等；非话终端指电报终端、传真终端、计算机终端、数据终端等；多媒体通信终端指可提供至少包含两种类型信息媒体或功能的终端设备，如可视电话、电视会议系统等。交换系统是各种信息的集散中心，是实现信息交换的关键环节。

传输系统是信息传递的通道，它将用户终端与交换系统之间以及交换系统相互之间连接起来，形成网路。传输系统按传输媒介的不同，可分为有线传输系统和无线传输系统两类。有线传输系统以电磁波沿某种有形媒质的传播来实现信号的传递。无线传输系统则是以电磁波在空中的传播来实现信号的传递。

业务网是疏通电话、电报、传真、数据、图像等各类通信业务的网络，是指通信网的服务功能。按业务种类，其可分为电话网、电报网、数据网等。电话网是各种业务的基础，电报网是通过在电话电路加装电报复用设备而形成的，数据网可由传输数据信号的电话电路或专用电路构成。业务网具有等级结构，即在业务中设立不同层次的交换中心，并根据业务流量、流向、技术及经济分析，在交换机之间以一定的方式相互连接。

支撑管理网是为保证业务网正常运行，增强网路功能，提高全网服务质量而形成的网络。在支撑管理网中传递的是相应的控制、监测及信令等信号。按功能不同，其可分为信令网、同步网和管理网。信令网由信令点、信令转接点、信令链路等组成，旨在为公共信道信令系统的使用者传送信令。同步网为通信网内所有通信设备的时钟（或载波）提供同步控制信号，使它们工作在同一速率（或频率）上。管理网是为保持通信网正常运行和服务所建立的软、硬系统，通常可分为话务管理网和传输监控网两部分。

数据通信是计算机和通信相结合而产生的一种新的通信方式，它是各类计算机网络赖以建立的基础，数据通信网的发展已有几十年的历史，在人类进入信息社会的过程中，数据通信正起着越来越重要的作用。

每个停车场、诱导系统、管理平台之间都是通过网络通信技术实现互通的，通过标准 TCP/IP 协议将它们之间连接起来，另外，服务器端和各停车场的客户端都需要基于 GIS 平台多种通信方式的支持。

7.5.1　通信网络的类型

通信网络是由一定数量的节点（包括终端节点和交换节点）和连接这些节点的传输系统有机地组织在一起的，按约定的信令或协议，完成任意用户间信息交换的通信体系。

按业务分类，通信网络分为电信网（话音业务）、计算机网络（数字业务）和广播电视网（广播和图像业务）。

1. 电信网（Telecommunication Network）

（1）电信网分类（按 ITU-T 的标准）：业务网、传送网和支撑网。

业务网（Service Network）：就是用户信息网，它是现代通信网的主体，是向用户提供各种电信业务的网络。

业务网主要包括：公用电话交换网（PSTN）、公用分组交换数据网（PSPDN）、公用陆地移动通信网（PLMN）、窄带综合业务数字网（N-ISDN）、宽带综合业务数字网（B-ISDN）、智能网（IN）、多媒体通信、计算机互联网（Intranet）和数字数据网（DDN）。

传送网（Transport Network）：主要用来完成用户信号的传输功能，主要有接入网（Access Network，AN）和同步数字系列传送网（SDH）。

支撑网：是使业务网正常运行、增强网络功能、提供全网服务质量以满足用户要求的网络。在各个支撑网中传送相应的控制、监测信号。

支撑网主要包括 7 号公共信道信令网、数字同步网、电信管理网。

（2）业务网、传送网和支撑网之间的关系如图 7-5 所示。

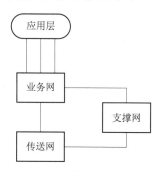

图 7-5　业务网、传送网和支撑网之间的关系

2. 计算机网络

1）家庭网（Household/Home Network）

家庭网是指一个家庭内的网络。

随着计算机、通信和电视网的融合，以及多媒体技术的发展和现代智能建筑的推广，家庭中的计算机、通信设备、娱乐设备、家用电器、安全监控设备、水电气暖的仪表均组成网络，并接入 Internet。

主人可随时、随地进行监视和控制。

2）局域网（LAN）

LAN 是指在某一区域内由多台计算机互联成的计算机组。一般在方圆几千米以内，如在校园、办公楼、科研机关等，是由使用者自己建立并管理和使用的。

LAN 专用性非常强，具有比较稳定和规范的拓扑结构。如总线形、环形和星形，现在几乎全部是采用集线器（Hub）或用交换机连接的星形结构，尤其，以"以太网"应用最为广泛。

3）城域网（Metropolitan Area Network，MAN）

MAN 是一种界于局域网与广域网之间，覆盖一个城市的地理范围，用来将同一区域内的多个局域网互连起来的中等范围的计算机网。它通常覆盖几十千米的范围。

MAN 的特点：为该地域的用户提供高速数据服务，属于宽带网络。

LAN 通常是为了一个单位或系统服务的，而 MAN 则是为整个城市而不是为某个特定的部门服务的。

建设 WAN 包括资源子网和通信子网两个方面，而 MAN 的建设主要集中在通信子网上，其中也包含两个方面：一是城市骨干网，它与全国的骨干网相连；二是城市接入网（AN），它使本地所有的联网用户与城市骨干网相连。

主要应用：高速上网，VOD 视频点播（Web），网络电视，远程医疗，远程会议，远程教育，家庭证券交易系统。

4）广域网（Wide Area Network，WAN）

WAN 是一种用来实现不同地区的 LAN 或 MAN 的互连，可提供不同地区、城市和国家之间的计算机通信的远程计算机网。通常，跨接很大的物理范围，所覆盖的范围从几十千米到几千千米。

广域网在原理和网络结构上与局域网有很大不同。一个广域网（WAN）是由资源子网和通信子网组成的，如图 7-6 所示。

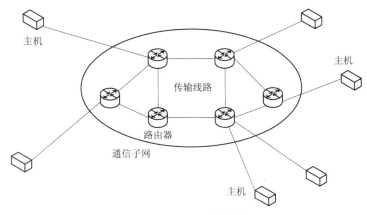

图 7-6　WAN 网结构

通信子网由两部分组成：传输线路（即电缆、光纤、无线电波）和交换单元（即路由器）。

通信子网的任务就是提供数据通信，在广域网中两台主机间的通信是采用点到点的传输方式，在这样广大的地理范围内不可能使得任两台主机之间有专用的通信链路。因此，许多通信链路要共享同一物理线路，采用的办法（原理）就是"交换"。

应用：固定电话网、移动电话网、卫星网及帧中继网、ATM 网等均属于广域网。

5）互联网

互联网由多个计算机网络相互连接而成，而不论采用何种协议与技术的网络。它是一个由各种不同类型和规模的、独立运行和管理的计算机网络组成的世界范围的全球计算机网络。

组成互联网的计算机网络包括小规模的局域网（LAN）、城市规模的区域网（MAN）以及大规模的广域网（WAN）等，如图 7-7 所示。

互联网、因特网、万维网三者的关系：

互联网⊃（包含）因特网⊃万维网。

凡是能彼此通信的设备组成的网络就叫互联网。所以，即使仅有两台机器，不论用何种技术使其彼此通信，也叫互联网。国际标准的互联网写法是 internet，

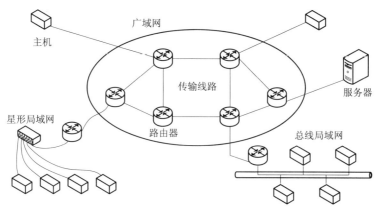

图 7-7 互联网

字母 i 一定要小写。

因特网是互联网的一种。因特网可不是仅有两台机器组成的互联网,它是由上千万台设备组成的互联网。Internet 使用 TCP/IP 协议让不同的设备可以彼此通信。但使用 TCP/IP 协议的网络并不一定是因特网。国际标准的因特网写法是 Internet,字母 I 一定要大写。

只要应用层使用的是 HTTP(Hypertext Transfer Protocal)协议,就称为万维网(World Wide Web,WWW)。

HTTP 协议能够提供一种发布和接收 HTML(Hypertext Make-up Language)页面的方法。

3. 广播电视网

广播电视网包括无线电视网、无线广播网和有线电视网(CATV)。

7.5.2 通信网的组网结构

1. 通信网的构成

通信网的构成包括终端设备(用户设备)、传输设备和交换设备。

2. 通信网的拓扑结构及各自特点(如图 7-8 所示)

1)星形结构

星形网的辐射点就是转移交换的中心,其余节点之间相互通信都要经过转换交换中心的交换设备来完成,因而交换设备的交换能力和可靠性会影响到网内所有用户。

特点:N 个节点的星形网需要($N-1$)条传输线路,所用传输链路较少,线路利用率较高,所以当交换设备的费用低于相关传输链路的费用时,星形网的经济效益较好;缺点是一旦中心节点故障,就会造成全网瘫痪,故安全性较差。

2）网状结构

网络中任何节点之间都存在链路。

其结构特点：如果网内有 N 个节点，全网就有 $N(N-1)/2$ 条传输链路。显然，当节点数增加时，传输线路必将迅速增加。这样的网络结构冗余度较大，稳定性好，单行路利用率不高，经济性较差，适用于局间业务量较大或分局业务量较少的地区。

3）环形结构

网络中节点视为相连形成的闭环，N 个节点的环网需要 N 条传输链路。

特点：结构简单，实现容易，由于可以采用自愈环对网络进行自动保护，因此稳定性比较高。但当节点较多时，转接延时难以控制，不便扩容。

4）树形结构

树形网可以看成星形拓扑结构的扩展。

应用：主要用于用户接入网或用户线路网中。

5）总线结构

它属于共享传输介质型网络，网中所有的节点都连接在一个公共传输总线上，任何时候只允许一个用户占用总线发送或接收数据。

特点：这种网络结构需要的传输链路少，增减节点比较方便，但稳定性较差，网络范围也受到限制。

应用：主要用于计算机局域网、电信接入网等。

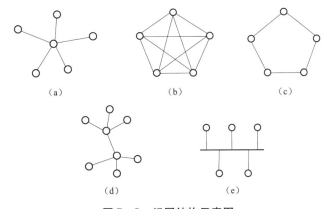

图 7-8 组网结构示意图

(a) 星形结构；(b) 网状结构；(c) 环形结构；(d) 树形结构；(e) 总线结构

7.5.3 网络模型

1. 网络模型的基本思想——层次化

计算机网络是一个非常复杂的系统，需要解决的问题很多并且性质各不相同。所以，在 ARPANET 设计时，就提出了"分层"的思想，即将庞大而复杂的问题分为若干较小的易于处理的局部问题。

ARPANET 是由美国 DOE 进行研究的网络通信项目，是 Internet 的始祖。

1974 年，美国 IBM 公司按照"分层"的方法制定了系统网络体系结构 SNA（System Network Architecture）。现在 SNA 已成为世界上较广泛使用的一种网络体系结构。一开始，各个公司都有自己的网络体系结构，就使得各公司自己生产的各种设备容易互联成网，有助于该公司垄断自己的产品。但是，随着社会的发展，不同网络体系结构的用户迫切要求能互相交换信息。为了使不同体系结构的计算机网络都能互联，国际标准化组织 ISO 于 1977 年成立专门机构研究这个问题。1978 年 ISO 提出了"异种机连网标准"的框架结构，这就是著名的开放系统互联参考模型 OSI。

开放系统是指利用一组协议使得任何两个不同的系统能独立于网络底层的结构而相互通信。在制定 OSI 模型时，专家们分析网络数据通信的最基本的要素，把相关的功能要素集中构成一个层（如与解决分组路由有关的措施放在网络层），把另外一些相关功能放在一起，构成另一层，这些层相互配合起来完成网络通信任务。

因特网模型出现在 OSI 之前，所以它的模型不遵循 OSI 的结构，它是 4 层模型，如图 7-9（a）所示。因为因特网强调的是网络互连，所以它的最底层叫主机—网络层，泛指主机必须用某个协议连接到网络上。它的第 2 层互联网层也称网际层，是因特网的核心功能层。图 7-9（b）所示是两个模型的对比。因特网模型中的主机—网络层相当于 OSI 的第 1、2 层，互联网层相当于 OSI 的网络层，应用层相当于 OSI 的第 5、6、7 层。

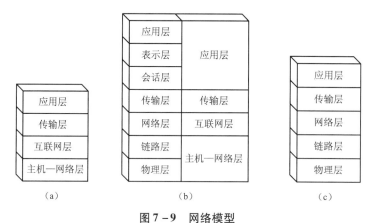

图 7-9　网络模型

(a) 因特网模型；(b) OSI 模型与因特网模型的对比；(c) 5 层模型

OSI 模型对各层的功能有严格的定义，模型的理论完整。可惜，至今没有一个实现的网络原型，也没有完整的协议栈。相反，因特网模型在现实的网络中得到了广泛应用，而且有一组完整的协议栈。

但是 OSI 模型所包括的数据链路层和物理层是通信子网的基础，而因特网模型却没有对此说明，所以从学习和研究网络来说，使用 5 层的混合网络模型作为教学指导模型较为合适，即采用图 7-9（c）所示的 5 层混合模型。

2. 网络体系结构

网络体系结构（Architecture）就是计算机网络各层次及其协议的集合。层次结构一般以垂直分层模型来表示。其优点在于使每一层实现一种相对独立的功能，有利于交流、理解和标准化。

网络体系结构及其划分所遵循的原则：

1) 层次结构的要点

除了在物理媒体上进行的是实通信之外，其余各对等实体间进行的都是虚通信。

对等层的虚通信必须遵循该层的协议。

n 层的虚通信是通过 $n-1$ 层提供的服务以及 $n-1$ 层的通信（通常也是虚通信）来实现的。

2) 层次结构划分的原则

每层的功能应是明确的，并且是相互独立的。当某一层的具体实现方法更新时，只要保持上、下层的接口不变，便不会对邻居产生影响。

层间接口必须清晰，跨越接口的信息量应尽可能少。

层数应适中。若层数太少，则造成每一层的协议太复杂；若层数太多，则体系结构过于复杂，使描述和实现各层功能变得困难。

3) 网络体系结构的特点

网络体系结构的特点是以功能作为划分层次的基础。

第 n 层的实体在实现自身定义的功能时，只能使用第 $n-1$ 层提供的服务。

第 n 层在向第 $n+1$ 层提供服务时，此服务不仅包含第 n 层本身的功能，还包含由下层服务提供的功能。

仅在相邻层间有接口，且所提供服务的具体实现细节对上一层完全屏蔽。

(1) 网络协议。

在网络中把参与数据通信的设备称为实体（Entity），任何两个实体间的数据通信必须遵循一定的规则。协议就是为进行计算机网络中的数据交换而建立的规则、标准或约定的集合。协议总是指某一层协议，准确地说，它是对"对等实体之间"通信所制定的有关通信规则的集合。协议栈是一组协议的集合。

网络协议的三个要素：

①语法（Syntax）。语法涉及数据及控制信息的格式、编码及信号电平等，代表了被传输的数据结构和含义。

【例如】一个 IP 包前面的 20 个字节一定是 IP 头，一个以太网帧必须有帧头和帧尾。

②语义（Semantics）。语义涉及用于协调与差错处理的控制信息，用于表示每一字段的含义及网络设备应该采取的动作。

【例如】IP 头中有一个 32 比特的源 IP 地址和一个 32 比特的目的 IP 地址，网络中的路由器就根据这个字段信息来路由 IP 包；在以太网的帧中有一个 32 比特的字段叫帧检验码，它是告知接收方到达的帧是否有错，如果有，应采取什么措施来解决它。

③定时（Timing）。定时用来说明通信中相关操作的时间或次序的先后关系。"同步"问题：

【例如】两个通信实体总是有不同的传输和处理速度，一个快速的发送者向一个慢速的接收者传送数据，若不加控制，接收者的缓冲区很快就会溢出。双方必须同步，以使发送方知道何时可以发送，应以什么速度发送，数据链路层的停止等待协议采用发送方只有在收到接收方的确认帧以后才发送下一帧。

（2）协议和服务。

①协议和服务的关系。所谓服务，是指某一层能够给其上一层提供某些操作。

如图 7-10 所示，第 K 层为第 $K+1$ 层提供服务，为了完成服务，它本身又要利用其下面的第 $K-1$ 层提供的服务。第 K 层对第 $K+1$ 层而言是服务提供者，第 $K+1$ 层是第 K 层的服务用户；同时，第 K 层对第 $K-1$ 层来说，第 K 层是第 $K-1$ 层的服务用户，而第 $K-1$ 层是第 K 层的服务提供者。

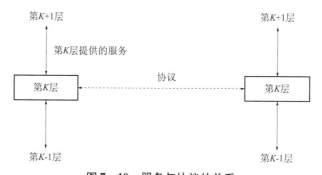

图 7-10　服务与协议的关系

例如，就物理层、数据链路层和网络层之间的关系而言，网络层为主机提供把分组传到另一台主机的服务，它要利用数据链路层提供的把分组封装成数据帧在链路上传送的服务，而要在一段链路上传送一帧数据，又要利用物理层把数据帧变成一组二进制的比特流通过物理媒体进行传送的服务。

协议是一组规则，它是用来规定同一层上对等实体交换数据（称为协议数据单元，Protocol Data Unit，PDU）的格式、含义及时序（即语法、语义和时序）。

a. 实体利用协议来实现它们的服务；

b. 服务发生在相邻层之间，协议发生在对等实体之间；

c. 服务是用户可见的，协议是用户不可见的。

一个网络各层的服务是不能改变的，但提供同一服务可以采用不同的协议来实现，只要保持服务不变，可以方便地修改协议。

② 服务的分类。

a. 按连接方式，服务可分为面向连接的服务和无连接的服务。

面向连接的服务传送数据分为三个步骤：建立连接、传送数据和释放连接。电话通信就是面向连接的服务，它经过拨号（相当于建立连接）、通话（相当于数据传输）和挂机（相当于释放连接）。在这个数据传输过程中，数据沿着建立的链路传输。数据本身不带有目的地址，而且所有数据沿着同一线路传输。

无连接的服务没有建立连接，当然也没有释放连接的过程，它只有一个数据传输步骤。电报和邮政服务是无连接服务，在这种服务方式中，被传输的数据（电报、信件和包裹）必须自带数据的目的地址，而且在传输过程中，一组数据中的各个数据可以经过不同的路线，同一组数据也不一定以发送的先后顺序到达目的地。

b. 从服务的质量来说，服务分为可靠服务和不可靠服务两种。

可靠服务从不丢失数据，而不可靠服务允许有一定的数据丢失。这两种服务完全是为了适应实际应用要求而提供的。

3. 数据在层间的交换过程

发送方数据由最上层向下层，通过各层之间的接口到达传输媒体，传到接收方，再由下而上通过各层之间的接口，最后把数据交给接收者。在发送方，每一层都要把上一层传送来的数据加上本层的协议控制信息传送给下一层。在接收方，实体根据协议控制信息进行处理，并将剥去控制信息后的数据传送到上一层。图 7-11 描述了层、协议和接口之间的关系。

图 7-12 描述了主机 1 向主机 2 传输数据的详细过程。

下面分析网络数据传输过程中要解决的问题。

（1）地址问题：网络上的数据传输要知道数据从哪里来，到哪里去，送给什么对象，是计算机还是一个进程，是送给一个对象还是送给一群对象。这就是说，数据传送需要给定地址。有多种地址类型，它的编码格式必须有个规则，才能被协议实体所识别。

（2）差错控制：数据传输过程中必然会产生错误，解决如何发现错误，如何解决错误，才能使收到的数据完整无误的问题。

（3）流量控制：解决收发双方速度不匹配的问题。

（4）复用和分用：将多个低速数据复用到一个高速链路上，或将一个高速链路分用到多个低速线路上。

（5）网络安全：保证网络安全、可靠地提供服务。

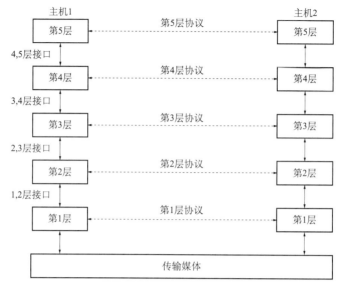

图 7-11 层、协议和接口之间的关系

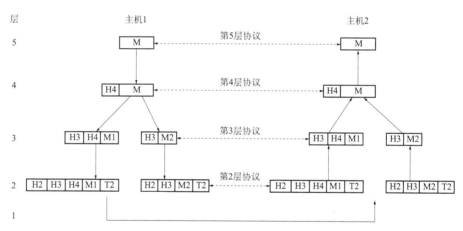

图 7-12 主机通信的信息流

以上这些功能有的在某一层实现,有的在多层实现。利用层次结构分别实现上述功能,给网络设计带来了极大的方便。

一个网络的功能是很复杂的,不可能用一个协议包括所有的功能。划分为若干层以后,每一层有一个协议。上层利用下层提供的服务,共同完成网络的数据传输任务。这样分层的网络结构对于网络的研究和开发来说是非常有益的。

4. 标准

在互联网中要使不同生产厂家的产品相互兼容,必须对网络产品制定明确的标准,通常由国际上一些标准化组织来制定。著名的标准化组织有:

国际标准化组织(International Organization for Standardization, ISO)。

国际电信联盟—电信标准化分会(International Telecommunication Union—Telecommunication Standards Sector，ITU—T)。ITU—T 的前身是国际电报电话咨询委员会（Consultative Committee for International Telegraphy and Telephony，CCITT)。

美国国家标准化协会（American National Standards Institute，ANSI)。

电气牙口电子工程师协会（Institute of Electrical and Electronics Engineers，IEEE)。

电子工业协会（Electronic lndustries Association，EIA)。

1）OSI 参考模型

图 7-13 所示为 OSI 参考模型，以第 4 层的传输层作为分界，在其下面的 3 层表示了通信子网的结构，其主要任务是承担数据的传输，而其上面的 3 层主要是提供与应用有关的服务。传输层的存在可使应用协议屏蔽通信子网的结构，即子网的变化不会影响上 3 层。下 3 层协议常常在路由器和交换机上实现，而在主机上包括整个的 7 层协议。下 3 层往往是基于软、硬件技术来实现，而上 4 层基本上是用软件技术实现的。

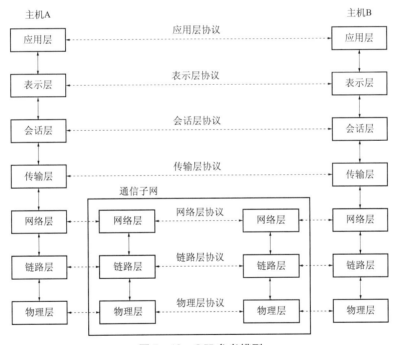

图 7-13　OSI 参考模型

从 7 层协议来看，上 4 层是主机与主机之间的对等层协议，而下 3 层分为两种情况：一是主机与其连接的路由器的对等层协议；二是路由器与路由器之间的对等层协议。

2）数据协议单元（PDU）

某一层的 PDU 就在其前加该层英文名称的首字母，如应用层是 APDU，其中的"A"为"Application"的首字母，其余各层的协议数据单元均采用这个规则。

但是对网络层和数据链路层而言却采用常见的专用名称，网络层的协议数据单元叫包或分组，数据链路层叫帧，物理层就是由一串"0""1"组成的比特数据块。在相邻层之间，下一层的协议数据单元是由上一层的数据加上本层的协议头（在2层还包括协议尾）组成的。其中的数据对上一层来讲，它也是一个PDU，但是对于下层的协议来说则被当作数据来处理，有时又称为"净负荷"。如第3层的协议数据单元是分组，它自身是由传输层来的数据和网络层的协议头组成的。当它封装在第2层的数据帧中时，这个分组在帧中是作为数据或净负荷来对待的，加上第2层的协议头和协议尾，才构成了第2层的协议数据单元——帧，这个数据封装的过程从第7层直到第2层，相反，在接收方这个数据的拆卸过程从第2层直到第7层。

下面分别说明各层的功能。

（1）物理层。

物理层的功能：处理比特流在传输媒体上的传输，它涉及电和机械方面的许多特性。物理层下面是传输媒体，比如光纤、电缆、双绞线和无线信道等。传输媒体不属于网络的结构，但它是物理层直接工作的对象。物理层又是网络设备（主机、路由器和交换机等）与传输媒体接口的地方。物理层的作用：

①设备与媒体的接口和物理特性；

②数据比特的表示，即比特变为信号（电或光）的编码方式；

③数据速率，即每秒发送的比特数；

④数据比特的同步，即收发双方比特流的同步；

⑤线路连接方式，两设备点—点的连接和多个设备共享传输媒体；

⑥物理拓扑结构：网状、星形、总线和环形连接；

⑦传输方式：半工、半双工和全双工。

（2）链路层。

链路层的功能是根据网络层为分组确定的传输路径，把网络层传下来的数据封装为帧，从一个节点传到下一节点。它的作用：

①成帧：把网络层交来的数据加协议头和协议尾就构成了帧；

②物理地址：帧中应包含物理地址，以表明该帧收/发者的地址；

③流量控制：解决发送快和接收慢的溢出问题；

④错误控制：解决帧在传输中的错误问题；

⑤访问控制：在多个设备连接到同一线路（共享）时，解决每个设备如何获得共享线路的访问权问题。

（3）网络层。

网络层的功能是将数据分组（或称数据包）从源主机传送到目的主机。它的作用：

①指定对方（寻址，Addressing）：网络层根据网络地址将源结点发出的数据

包传送到目的节点。网络层的数据分组中的地址称为逻辑地址（主机地址）。这个地址在第 3 层。它与第 2 层的物理地址有何区别呢？一个分组封装成数据帧以后，经过多个交换结点最终才到达目的主机。从一个结点到下一节点的传送用的是物理地址。也就是从源主机到目的主机传送的过程中，物理地址是在变化的，但逻辑地址是不变的。举一个日常生活中的例子：用铁路运输方式将一节车厢的货物，从南宁 A 公司运往哈尔滨 B 公司，这里 A 和 B 是源地址和目的地址，不可能为一节车厢开直达火车，于是先把它挂在由南宁开往北京的货运列车上，运到北京。到了北京以后，把该节车厢摘下来，又挂在由北京开往沈阳的货运列车上。到了沈阳，做同样处理，再把这节货车挂在由沈阳开往哈尔滨的货运列车上。最后，这节货物车厢到达了哈尔滨站并到达 B 公司。这里，每一列货车有一个出发地址和一个到达地址，它们在整个传送过程中经历了 3 次变化：南宁—北京—沈阳—哈尔滨，这就是物理地址。而 A、B 是逻辑地址，没有变化。

②确定路由：在一个网络中连接链路及在互联网中连接网络的交换设备都称为路由器。所谓路由功能，是指为分组从源主机传送到目的主机寻找一条最佳传输路径。所以，路由器是一个三层交换设备。

③阻塞控制和服务质量。

（4）传输层。

传输层既是 OSI 层模型中负责数据通信的最高层，又是面向网络通信的低三层和面向信息处理的高三层之间的中间层。该层弥补高层所要求的服务和网络层所提供的服务之间的差距，并向高层用户屏蔽通信子网的细节，使高层用户看到的只是在两个传输实体间的一条端到端的、可由用户控制和设定的、可靠的数据通路。

传输层的功能是在两个主机上的两个进程之间传送报文，其具体作用：

①端口地址，用来标识一个进程。与网络层将网络地址源结点发出的数据包传送到目的的结点不同，传输层则负责将数据可靠地传送到相应的端口。

②分段和重组。因为报文有时很大，超过了网络允许的最大值，所以传输层总是把报文分成段，每个段的大小有一个最大值限制。为了保持各个段在整个报文中的正确位置，对每个段进行编号。到了接收端的传输层，要把这些段再组装成报文。

③连接控制。传输层的服务分无连接服务和面向连接的服务，连接控制是指在传输层建立连接的方法。

④流量控制。与数据链路层的功能相似，它是在进程之间的流量控制，而不是在一段链路上的流量控制。

⑤错误控制。与数据链路层的功能相似，它是在进程之间的错误控制而不是在一段链路上的错误控制。

传输层的服务类型与协议等级：

①服务类型。

传输层提供的服务可分为传输连接服务和数据传输服务。

传输连接服务:通常,对会话层要求的每个传输连接,传输层都要在网络层上建立相应的连接。

数据传输服务:强调提供面向连接的可靠服务(很晚 OSI 才开始制定无连接服务的有关标准),并提供流量控制、差错控制和序列控制,以实现两个终端系统间传输的报文无差错、无丢失、无重复、无乱序。

②协议等级。

传输层服务通过协议体现,因此传输层协议的等级与网络服务质量密切相关。根据差错性质,网络服务按质量可分为以下三种类型:

A 类服务:低差错率连接,即具有可接受的残留差错率和故障通知率;

C 类服务:高差错率连接,即具有不可接受的残留差错率和故障通知率;

B 类服务:介于 A 类服务与 C 类服务之间。

差错率的可接受与不可接受是取决于用户的。因此,网络服务质量的划分是以用户要求为依据的。OSI 根据传输层的功能特点,定义了以下五种协议级别:

a. "0"级:简单连接。只建立一个简单的端到端的传输连接,并可分段传输长报文。

b. "1"级:基本差错恢复级。在网络连接断开、网络连接失败或收到一个未被认可的传输连接数据单元等基本差错时,具有恢复功能。

c. "2"级:多路复用。允许多条传输共享同一网络连接,并具有相应的流量控制功能。

d. "3"级:差错恢复和多路复用。其是"1"级和"2"级协议的综合。

e. "4"级:差错检测、恢复和多路复用。在"3"级协议的基础上增加了差错检测功能。

(5) 会话层。

会话层的作用:

①会话控制:会话层使两个不同机器上的系统进入会话状态。所谓会话,是指提供与通信有关的服务,比如两个进程间是用半双工通信还是用全双工通信。

②同步:在数据传输时,在数据中加若干个检查点(又称为同步点),若在传输过程中系统崩溃,系统恢复后发送端就要重新传送,有了检查点,则只需重传崩溃前的检查点后面的数据。比如一个 3K 字节的数据,检查点设在 2K 字节处,如果系统在传输了 2.3K 字节数据时崩溃,则系统只需重传剩下的 1K 字节数据。

(6) 表示层。

表示层是有关两系统所交换的信息的语法和语义,它的作用:

①数据格式转换。不同的计算机使用的数据格式往往是依赖于计算机的,表

示层以抽象数据结构表示数据,定义了一种标准的编码方法,便于网络传输。

②数据加密与解密。

③数据压缩与解压缩。

(7)应用层。

应用层使得网络用户(人或软件)方便地使用网络和访问网络资源。它提供某些接口和专用的服务有:

网络虚拟终端,它允许一个用户登录到远地主机上,在因特网上就是TELNET服务;文件传输;邮件服务;目录服务;因特网的WWW服务。

TCP/IP模型:

因特网是4层结构,因为它所用的协议栈是由4层组成的,如图7-14所示。它的体系结构是伴随因特网的发展而产生的,而不是事先由某一标准化组织通过讨论制定出来的。协议栈由几十个协议组成,用其中两个最重要的协议TCP和IP来代表达个协议栈,并且习惯上写成TCP/IP的形式。

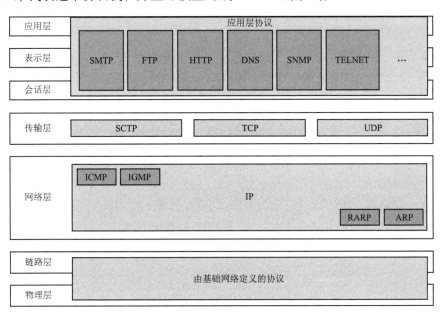

图7-14 TCP/IP协议栈

①主机—网络层。TCP/IP在这一层没有定义任何专用的协议,在这一层上是一些广泛使用着的网络,LANs表示各种局域网,WANs表示各种广域网。也就是说,因特网协议是在已有的网络之上的一组协议,或者说TCP/IP是互联网的协议。虽然TCP/IP并没有指定这一层的专用协议,但是TCP/IP是支持现有的局域网和广域网的标准和这些网络的协议(如局域网IEEE802.3协议,广域网的X.25协议等),但没有必要将它们包含到TCP/IP协议栈中来,而是把这一层的协议划分到被互连的网络中。

②互联网层（internet）。这一层是因特网的关键层，它的任务是将分组传送到因特网上的任一台主机上。IP 是 Internetworking Protocol 的简称，叫作互联网协议。它提供无连接服务。为使 IP 能很好地在网络互连中起到应有的作用，它还需要 4 个支持的协议相配合，它们是：ARP（Address Resolution Protocol，地址解析协议）、RARP（Reverse Address Resolution Protocol，逆地址解析协议）、ICMP（Internet Control Message Protocol，因特网控制报文协议）和 IGMP（Internet Group Management Protocol，因特网组管理协议）。

③传输层。这一层有 3 个协议：UDP（User Datagram Protocol，用户数据报协议），它是传输层的无连接服务；TCP（Transmission Control Protocol，传输控制协议），是传输层面向连接的服务；SCTP（Stream Control Transmission Protocol，流控制传输协议）。

④应用层。需要说明的是在互联网层中的 IP 和 4 个支持协议是相互关联的。而在传输层和应用层的各个协议，它们是相互独立使用的，如 TCP 和 UDP 可以独立使用。但是 ICMP 和 IP 就不能独立使用，ICMP 的消息作为 IP 的数据进行传输。

网络模型的工作举例：

如图 7-15 所示，由 3 个局域网 LAN1、LAN2、LAN3 和 2 个路由器组成一个互联网，2 台主机分别连接到 LAN1 和 LAN3 上，2 台主机上各有 2 个进程。现在要求进程 A 与进程 C 通信，在左上方的主机上的进程 A 的端口地址为 5，主机地址为 R，物理地址为 100；左下方的主机进程 C 的端口地址为 7，主机地址为 P，物理地址为 200。在路由器上，每个接口都有一对地址，一个是与所连接的网络的物理地址，一个是逻辑地址（相当于主机地址）。右上方的路由器有 3 个接口，它们的逻辑地址、物理地址对分别是（F，300），（G，400），（T，150）；右下方的路由器也有 3 个接口，分别为（N，220），（S，49）和（K，110）。图中有 2 个接口（G，400）和（S，49），没有画出所连接的网络。因为路由器是通信子网中的设备，只有 3 层协议，故没有端口地址的问题。现在左上方主机中的进程 A 要将报文 M 传到左下方主机上的进程 C。假设数据经由图 7-15 中带箭头线所表示的路径来传送，其过程是：

a. 在发送端应用层将信息 M 交传输层，在这一层加源端口地址 5 和目的端口地址 7，传给网络层加源主机地址 R 和目的主机地址 P，再传给第 2 层，加链路层的协议头和协议尾，通过 LAN1 到达下一结点右上方的路由器，帧中源物理地址为 100，而下一结点，即本帧的目的物理地址为 300。

b. 在右上方的路由器上，处理完链路层，剥去链路层的协议头和协议尾，把其余的数据向上层（网络层）传送，路由器根据目的主机地址 P，选择路由器的物理地址为 150 的接口，把数据经 LAN2 送到下一路由器，这时帧的源物理地址为 150，目的物理地址为 220，而且，如果 LAN1 和 LAN2 是不同类型的局域网，这两个帧的格式也是不同的。

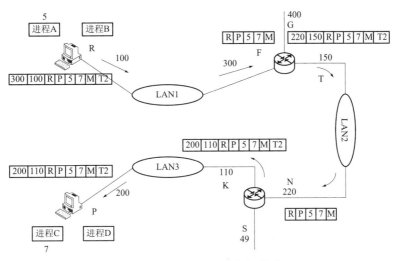

图 7-15　互联网中的数据传送

c. 右下方的路由器根据目的主机地址 P 知道该主机在 LAN3 上，即就是本路由器连接的网络，因此，不必再传给其他的路由器。由右下方路由器的（K，110）接口经 LAN3 传送到目的主机，最后将消息 M 送给进程 C。

在图 7-16 中，把图 7-15 中的主机 R（这里 R 是主机的逻辑地址）上的进程 A（它的端口号为 5）与主机 P（这里 P 是主机的逻辑地址）上的进程 C（它的端口号为 7）进行通信的过程用网络的层次结构来描述。其中，主机 R 是发送者，主机 P 是接收者。发送者的应用层协议在对等层交换的是报文 M。在发送方把数据 M 向下传给传输层。传输层在数据的前端加源端口号 5 和目的端口号 7，

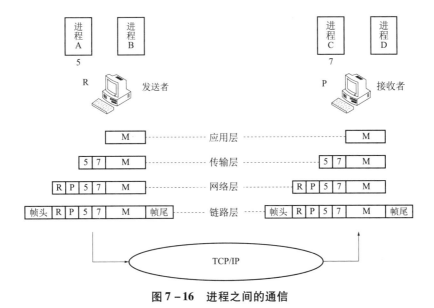

图 7-16　进程之间的通信

构成传输层的协议数据单元。这一对端口号是表明传输层为进程 A 和进程 C 的端到端的数据通信提供服务。传输层的协议数据单元继续向下传给网络层。对网络层而言，它把传输层的协议数据单元当作它的净负荷，再加上网络层的协议头，构成分组。这里协议头最主要的是源主机的逻辑地址 R 和目的主机逻辑地址 P。这一对地址的作用是把分组由主机 R 送到主机 P。继续向下传给链路层，加帧头和帧尾，构成帧。帧头中最主要的是物理地址（途中无法画出来，因为它在网络中传送时是不断改变的）。在接收端，是由下而上的过程。每一层的协议实体处理完协议要做的工作，就剥去协议头和协议尾（如果有的话），把剩下的净负荷传给上一层继续处理，直到把报文 M 交给进程 C 为止。

7.5.4　现代通信网的发展趋势

1. 现代通信网发展过程（四阶段）

现代通信网的发展过程大体分为 4 个阶段。

第一阶段：起自 19 世纪中叶，主要技术特征是信息开始以电磁信号的形式实现远距离传输，形成以有线电话、电报和无线电电台为主，以简易信号和运动通信为辅的通信网。

第二阶段：在 20 世纪 50—70 年代，主要技术特征是自动交换、数字传输系统、卫星通信等共同作用，通信网从独立、按业务分类的单一通信网过渡到以电缆、无线接力、散射和卫星综合传输体系为基础的综合通信网。

第三阶段：大致在 20 世纪的 70—80 年代，主要技术特征是由数据网络、分组交换系统和大容量光纤传输系统、数字微波系统形成的，数据通信网开始成为通信网的重要组成部分。

第四阶段：始于 20 世纪 80 年代中期，主要技术特征是综合业务数字网和互联网的形成，骨干通信网实现了全数字化，骨干传输网光纤化，数字通信业务增长迅速，通信网逐步形成信息传输和应用一体化的趋势。

2. "六"化

未来将进入高度信息化的社会，人们要求获得高质量的信息服务，要求通信网能够提供多种多样的业务，整个通信网传输、交换、处理的信息量也将不断增大。根据这种趋势，人们综合运用现代通信技术、计算机技术、控制技术和数字信号处理技术等，使通信向着数字化、宽带化、综合化、融合化、智能化、个人化的方向发展。

第三篇
应 用 篇

第 8 章
基于物联网的智能停车诱导系统

　　智能停车诱导系统是与驾驶员在行驶过程中一直相伴的系统。当驾驶员行驶到目的地附近的时候，智能停车诱导系统就会行使其重要的作用。它可以为驾驶员提供当前可以停车的停车场信息，并为驾驶员提供相应的最适合的行车路线。在物联网的大环境下，不仅仅停车位的状况和道路的状况可以随时被使用者实时共享，驾驶员的停车习惯和爱好也可以被系统分析和挖掘出来。

8.1　驾驶员出行过程及停车需求分析

　　在以往的停车系统中，驾驶员在寻找停车位的过程中通常都会是先寻找适合的停车场，然后再去寻找适合的停车位。

　　以往在没有诱导系统的情况下，人们在出行的过程中通常会是这样一个过程：驾驶员先到达目的地的附近地区，然后寻找在附近地区的停车场，找到停车场之后还需要分析停车场是否有停车位、能不能进行停车的行为。如果有空车位，就可以进入停车场寻找停车位。如果没有空车位，驾驶员就需要去寻找下一个停车场再继续判断有没有停车位，直到能够行使停车的行为。驾驶员成功寻找到停车场之后，就会进入停车场寻找可以停车的有效停车位，这也是一个反复的过程，通常是行驶到某一处进行观察，如果周围有空位子就到空车位处进行停车，如果周围没有就继续向前寻找。人的观察能力有的时候也是有局限性的，可能会需要很长的一段寻找时间，驾驶员才能找到一个比较合适的停车位置。

　　为了解决由不断地找寻空位而带来的效率低下的问题，结合当今的道路交通复杂程度和智能导航技术，利用新型的物联网技术将智能停车系统设计为两种类型的引导服务，分别是：城市中心地区停车场引导和停车场内的智能停车引导。城市中心地区停车场引导是一种被动式的引导方式，主要是为停车者提供周边的停车场的具体位置、进出口方式、停车场收费情况，还有有效的空车位的个数，停车者可以根据自己的需求和自己的消费方式选择适合的停车场进行消费并且可以进行停车位的预订。而停车场内的智能停车引导提供的是一种主动式的停车服务，主要是为进入停车场的停车者提供最佳的停车路线，有自己预订的停车位的话就直接提供相应路线，没有预订的停车位置的话系统会提供一个最近的停车位置。停车者在停车诱导服务的帮助下，可以大大节约自己寻找车位的时间。

8.2 智能停车诱导系统的框架和系统组成

8.2.1 系统框架

想要便捷和快速地寻找到合适的停车位置，就需要拥有一个智能停车诱导系统，而想要实现这样的一个智能停车诱导系统的设计，并且实现具体的一系列智能停车诱导的服务，系统就需要具备数据采集、数据通信、数据处理、数据存储以及信息发布这五个部分。这五个部分的相互连接的状况和具体的系统框架如图8-1所示。

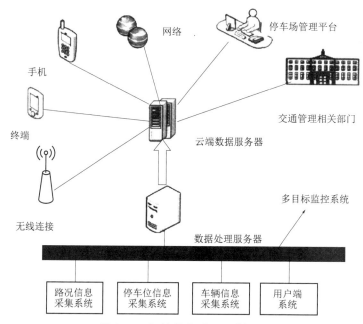

图8-1　智能停车诱导系统框架

我们研究的智能停车诱导系统主要包含六个部分，其分别是：路况信息采集系统、停车位信息采集系统、车辆信息采集系统、用户端系统、数据服务器系统和多目标监控系统。其中每一个系统都是由很多不同的单元组合而成的，它们的工作方式、组成结构和关键技术都有着很大的区别，下面对整个系统进行更深入的讲解。

8.2.2 路况信息采集系统

路况信息采集系统主要是用来实时监测停车场内部的各条路上的车流量的。它是由分布在各个道路上的车辆速度采集子单元组成的，用来检测当车辆经过此地时当时的车速。

道路车辆测速子单元主要是运用了电磁感应的原理，简单地运用 MCU、感应线圈和通信接口就能组成一个这样的装置。如图 8-2 所示，这样的道路车辆测速子单元主要安置在停车场的各个车道的中心，在每一个车道上都有两个车距为 L 的电磁感应的线圈，当驾驶员驾驶着车辆在此处行驶时，将会依次地通过 A 和 B 这两个感应线圈。当车辆经过线圈 A 的时候，线圈 A 就会产生一定量的感应电动势用来触发 MCU，而 MCU 就会记下实时的时间 T_1。同理，当驾驶员开车经过 B 点的时候就会被 MCU 记录下到达 B 点的时间 T_2。最后我们可以通过下式计算速度：$V = L/(T_2 - T_1)$。

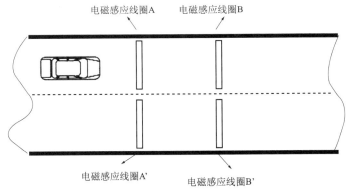

图 8-2 车辆测速子单元

8.2.3 停车位信息采集系统

停车位信息采集系统是设置在停车场内部的，主要用来监测实时的停车场中的停车信息，包括正在使用的车位和空闲车位的显示和记录。停车位信息采集系统是由很多的车位监测子单元组成的，在停车场的内部，每个可以停车的车位上都安装了一个车位监测子单元，这个子单元可以很方便无误地监测到这个车位的使用状况。如果监测到没有车辆摆放，这个车位就被归为可使用车位；如果监测到有车辆停靠，这个车位就会被归为不可使用车位。

如何来有效地监测到这个车位究竟是可使用车位还是不可使用车位的方法有很多。现在在各个停车场中正在推广的监测方式主要是超声波监测方法、地感线圈监测方法、视觉图像监测方法。这几种监测方式都各具优缺点，可以满足不同用户的使用要求。

1. 超声波监测方法

超声波监测方法比较简单，其使用超声波发射的工作原理。超声波源头发射信息，被测物体反射信息，这两个信息之间就会形成一个时间差，通过这个时间差和传播的速度就可以计算出波源和被测物体之间的距离。这种测量方式不需要直接接触被测车辆。

该监测方法有很多特点：监测到的数据会与预先设置的数据进行对比，如果跟设置的数据相匹配，就会进行开或者关的开关量的信号输出动作。接收信号的芯片内部设置了前置放大、限幅放大、信号整形。这些电路的设计可以使芯片的检测、回波数据的检查都变得简洁，同时又能得到距离的数据。在安装和调试的时候，工作人员要注意到超声波的探头表面不能与其他的物体相接触，不然会导致信号感应滞后和被损坏的情况发生，在测量距离时对车辆的摆放有比较严格的要求。

2. 地感线圈监测方法

地感线圈监测方法是当前公路交通工程中使用最为频繁的一种检测方法，它又被称作电磁感应监测方法。这种方法与上文提到的监测车速的方法有相似之处，但是用来监测是否有车辆的监测方法更加简单。它的工作原理是当车辆通过设置在道路表层之下的地感线圈时会导致地感线圈中的磁通量产生变化，从而产生感应电动势。设置在整个装置里面的微控制器将会由感应电动势的变化而产生相应的信号，从而得到所在的车位上是否有车辆存在的信息。

到目前为止，地感线圈监测方法的相关技术已经比较成熟，这种监测的方式具有很多优点：监测精准、使用时间长、成本低廉、抗干扰能力强等。当然，它也有很多的不足之处，最重要的就是地感线圈监测安装起来比较麻烦，需要安装在地下，因为安装在道路的表面容易被损坏，也不利于车辆的停靠。另外，地感线圈的使用会受温度和地面沉降等自然因素的影响，长久实施还是有难度的。

3. 视觉图像监测方法

视觉图像监测方法的工作原理就是使用智能的机器代替人的眼睛来进行判断和测量。这种监测技术可以通过视觉监测设备把拍到的场景转化成图像信号显示出来，然后系统通过图像中不同的色彩分布和亮度等信息的转化将图像信号再转化成数字信号。这样系统就可以提取到实时的停车位的动态特征，然后再根据这些信息做出相应的回应。

视觉图像监测方法可以用来获得更加全面的信息和状态显示。用这种方法监测出来的车位信息不仅包括所在车位上是否有车，同时还能看到在这个车位上的车是什么车型的，也能够判别车辆开进和开出的实时状态，而且这种监测方式中一个监测器可以同时监测多个车位的使用情况。但是，视觉图像监测方法不可避免地也有很多的缺陷，比如说受环境的影响较大、成本较高、因数据处理导致的实时性不够等。

8.2.4 车辆信息采集系统

车辆信息采集系统的作用是对进入停车场的车辆进行车牌号码和车型等信息的登记。车辆信息采集系统主要是由放在停车场进出口的车辆识别子单元承担的，车辆识别子单元中负责车牌号码信息采集的主要有两种方式：视觉图像的方式和 RFID 的方式。其中，视觉图像识别技术是由安装在进出口的摄像头来采集汽车的车牌号信息，然后利用现在的图像处理技术和图像识别技术对车牌号码的信息进行识别和记录。采用 RFID 的方式主要是借助现在的射频数据接收器来接收原先统一安装在各个车辆上的射频识别的电子标签来获得车辆的信息。

8.2.5 用户端系统

用户端系统会将实时的停车场的信息和停车位的信息发布在停车者和系统管理员的用户端上。停车者可以通过系统接收到每时每刻的周围停车场数量、停车场位置、各个停车场的有效停车位、各种选择方式下的最优停车路线等信息。用户端系统还包括在停车场内部的服务于停车者的停车引导子系统和一些停车场的信息显示子单元。

城市停车场里具体的停车服务，还包括在停车场外面的引导信息发布单元。其主要设置在停车场周围的一些比较显眼的地方，比如主干道旁边设置显示着停车场的位置和停车场的有效停车信息的显示屏幕。这样的话，平时不太会使用电子产品和停车比较着急的用户就可以更加方便地找到随时可以停车的停车场和停车位。因为整个系统会实时地采集、更新停车场内部的停车情况，然后上传到用来处理数据的服务器，服务器会将接收到的信息进行整合且统计出剩余的可以继续停车的停车位的信息，然后这些信息会被发送到场外的用户端子单元，子单元接收到相应的数据之后就会对电子显示屏上面的数据进行实时的更新。当然，停车者除了通过显示屏幕之外还可以通过智能手机终端、发送手机短信、上网求助等方式来直接地了解和访问停车场的云端数据存储的服务器，这样也可以获得自己想要的信息。

为了解决在停车场内部不能精确停车的问题中，设置在停车场内部的智能引导子单元主要有两种表现形式：车位引导的语音导航和指示屏幕以及 Wi-Fi 热点服务。车位引导的语音导航和指示屏幕主要被放置在停车场内部的各个拐角和分叉的位置，车位引导的语音导航和指示屏幕上面显示的信息主要包含三个部分：接受服务的停车者的车牌号码、停车者的行车方向和最佳的停车位置。

8.2.6　数据服务器系统

数据服务器系统无疑是用来进行数据操作的，主要包含两个部分：数据处理服务器和数据云端存储服务器。其中，数据处理服务器拥有多个用来进行数据传输的传输接口，具有对数据在传输过程中进行监控的能力，其可以对数据进行搜索，把数据发送到各类信息共享的平台上。而数据云端存储服务器的主要职责是对以往停车和预订停车的信息、每个停车位的具体停车信息、当前的和历史的停车场停车位的具体信息等进行存储。

停车者可以根据浏览互联网、用手机发送短信、连接停车场内部的 Wi-Fi 登录客户端等方式得到实时的由数据云端存储服务器发送来的停车场内部的停车信息。数据处理服务器会对存储在数据云端存储服务器上的数据进行统计、计算、相互通信和各个停车场整体的信息的更新和存储等操作。这些操作具体包括每个停车场的车位使用情况、根据用户的不同选择所能提供的不同的引导路线的路线设计、由不同的路线设计具体得出相应的停车行进指示等。具体的停车路线的规划会在后文进行详细的解释。

8.2.7　多目标监控系统

多目标监控系统在整个系统中起着桥梁的作用。它的主要职责是对路况信息采集系统、停车位信息采集系统、车辆信息采集系统、用户端系统、数据服务器系统实现各个系统之间的数据通信。多目标监控系统的覆盖面最为广泛，它包含车辆、停车车位、引导停车的信息控制和处理网络系统及路况信息采集网络系统等各个子单元。

多目标监控系统的工作方式主要是先采集车辆、停车车位和路况的具体信息并上传到服务器端，然后通过服务器进行数据的处理，当处理完数据之后会通过控制网络系统将数据发送到各个用户端的系统上去。因为在具体的实施当中，用到的和采集的各种数据量都特别大，所以既能保证数据在传送过程中的实时性和稳定能力及网络的可扩展程度，又能控制整个系统的成本成了一个非常值得研究的问题。

8.3 智能停车诱导系统原理

8.3.1 系统各个部分的数据流向

如图 8-3 所示，这个是一个智能停车诱导系统的各个组成部分之间的数据流向示意图。从图中我们可以看出，数据服务器系统是整个系统的中心部分，是整个系统数据流向的枢纽，它既能够接收停车位信息采集系统和路况信息采集系统实时传送过来的数据信息，能够在每次用户完成停车动作之后实时地更新数据库中的空余停车数量和现存停车状况，还能够将所有的相关数据发送到数据云端存储服务器上对数据进行处理并为用户提供精确的引导方案。在图 8-3 所示的传输方式中，1、2、3、4 四个方向上的数据流通比较密切。相对的，车辆信息采集系统的工作方式是触发性的，将数据传送给数据处理器和停车场内和场外的停车引导的相关部分。因此，相比较而言，5、6 这两个部分的数据流动比 1、2、3、4 的流动少。

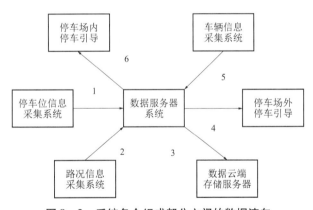

图 8-3　系统各个组成部分之间的数据流向

8.3.2 智能停车诱导系统的工作原理

从上文可以看出，停车位信息采集系统是通过安装在各个停车位上的车位监测装置对各个车位的停车情况进行实时的数据采集的；路况信息采集系统是由安装在各个停车场内部的主干道上的车辆测速设备采集每条路上的现时平均车速情况的。停车车位的信息和路况的具体信息会及时地被传送到数据处理服务器部分。也就是在图 8-3 中的第 1、2 两个数据流的数据流向。所以，数据处理服务器就拥有了停车车位的信息和当前的每条路上的行车车速的有效信息。数据处理服务器会在每一次有车停入相应位置时对数据进行更新，然后统计出每个停车场内部现在的有效车位，最后将能够继续停车车位的信息发送到停车场之外的用户端和数据云端存储服务器上，这也就是图 8-3 中的 3、4 两个数据流的流向的含义。停车者通过马路上的停车场的指示信息和各种方式访问手机或网页客户端访问到数据云端存储服务器上的停车场信息，根据需求选择自己想要停车的停车场。

当停车者将要进入停车场时，设置在停车场门口的车辆信息采集系统会感知到车辆的存在，此时会对车辆进行车牌号码的识别动作。然后系统就会将感应到的车牌号码和识别到的每个车辆唯一的 m 号码发送到数据处理服务器中，在数据处理服务器接收到车辆信息之后，就会分析出车辆具体的车牌号码、m 号码，然后系统会根据停车厂内部的地图信息为停车者提供一个最佳的停车线路和最佳的停车位置。如果停车者已经预订了停车车位，系统也会自动为其制订一个最佳的停车线路。同时，这些信息和车辆的信息也会被发布到放置在停车场内部的各个显示屏幕上去指引停车者，这样就是同时为停车者提供双层的停车服务，使停车者更加便捷和准确地停到最佳的停车车位上。

8.4 基于停车位选择的停车行进路线优化技术研究

在过去的十余年里，涌现出一大批的研究者研究停车场外的引导技术，这些技术和 GPS 导航技术相结合，现在已经比较成熟，像是百度地图导航、高德导航和一些汽车厂家自带的导航设备等都可以非常精准和快速地实现各种要求下的行车线路的导航。相对的，对于车辆进入停车场内部之后的具体的停车引导就比较欠缺了。所以，在日常生活中，经常会看到一些停车者在盲目地寻找停车位。这样一来，由于汽车数量的急剧增长，停车场里面的秩序会越来越混乱，停车者用来停车的时间也会越来越长。这不仅会导致人们的心情焦虑，也会影响到停车场的经济效益。基于物联网的停车诱导技术可以改善这样的状况，其系统根据采集到的道路和停车位的使用状况，会将最佳停车位和最佳停车路线通过导航显示、语音提示等方式发布给停车者。本章会从停车者的个人需求出发，结合在停车时会遇到的各种情况，建立最优停车位的选择的模型，实现动态停车引导和路径优化。

8.4.1 停车场内部停车流程

停车场场内停车是由停车者自主完成的动作，需要停车者按照自己的停车习惯做出相应的停车选择。在以前没有智能停车诱导系统的情况下，停车者的停车过程可以看作：

（1）停车者选择停车场；

（2）停车者驱车驶入停车场；

（3）停车者对停车场内的环境以及可见的停车位置进行评价；

（4）停车者在经过思考后判断是否满意停车位，如果满意就进行第五个步骤，如果不满意就进行第六个步骤；

（5）停车者驾车停入停车位，然后步行至出口或者电梯口；

（6）停车者重新选择空闲停车位进行停车动作，然后转到第三个步骤。

用户进入停车场之后便开始寻找能够使用的停车位，当寻找到一个停车位时，会根据自己的停车习惯和停车水平判断这个停车位是否合适，如果合适就会停下，如果不合适就会继续寻找下一个停车位，一直到用户满意为止。但是现在，停车场越来越大了，停车的数量越来越多了，人们所能判断的时间可能越来越短了，于是用户并不能做出很好的选择。这不仅增加了停车的时间，也影响到了停车场内的交通秩序。

停车者在进入停车场内或者进入停车场之前会使用停车场客户端对其停车情况进行了解，智能化地获取车辆的相关信息，通过 RFm、ZigBee 等无线通信技术将停车者的车辆信息传输给数据处理器之后，系统会根据用户的选择提供最佳的停车位置和相关的驾车路线显示。然后用户根据相应的导航、语音提示、场内屏幕提示就会寻找到相应的停车位。

将本书设计的智能停车诱导系统与现在大部分停车场不够健全的停车系统相比较，会很容易地发现：本书提到的停车系统可以大大减少停车者在停车过程中需要的环节，这不仅可以节约用户的停车时间，而且可以避免人们在停车过程中因为停车难而产生的负面情绪。然而，想要真正将智能停车诱导系统的方案实行下去，必须让消费者接受停车诱导方案的安排。停车者如果不满意系统给他分配的停车车位，自由重新选择其他停车位置的话就会给系统带来相应的麻烦，使系统失去原来的作用。所以说，如何从停车者的角度出发，为每个停车者提供适合他们最佳的停车位置和最佳的停车线路显得尤为重要。本书就将综合各类因素，在物联网的使用环境中为停车者推荐一份"私人订制的"停车位置。

8.4.2 车位选择的影响因素

在进行停车位分配最优路径之前，先要考虑停车者在停车过程中可能会遇到的影响因素。比如有的停车者停车技术不够熟练，有的停车者急于停车等。经过研究者调查显示，影响停车者对车位的选择主要有七个因素。

1. 行驶距离

行驶距离也就是停车者从停车场门口到停车位置之间的路程，这个路程的长短与停车者在停车场内行车的路线有着直接的关系。一般来说，停车者总是希望自己停车消耗的时间越短越好，也就意味着他们希望自己的行车距离做到最短。停车过程中最短路径的问题是路径规划中的一个分支，但是这个分支考虑的因素比较单一，停车场的环境比较复杂，有着其交通的特殊性，各条道路之间的关联性比较强而且每一条路的拥挤程度也不一样。所以说，单一地考虑最短路径会影响到停车场内部的交通问题，如果不能全面地考虑就可能会导致停车者在停车过程中浪费时间的问题。

2. 步行距离

步行距离是指停车者从下车时算起步行到停车场的出口位置或者步行至内部的某一升降电梯门口之间的路程。一般来说，停车者和车上相关人员总会选择最近的出口或者电梯离开停车场。现在，很多的大型商场或者市中心的地下停车场都设有很多的升降电梯，所以及时了解各个电梯的位置、了解自己走到电梯或者出口的最佳路线也成了消费者比较注重的一个方面。

3. 安全性

在停车场中停车的安全性主要依赖于安装在停车场中的监控装置。距离监控装置越近，得到的影像记录和对周边环境的变化和记录越清楚。停车场的工作人员可以从监控中实时地关注停车场内发生的紧急情况以便采取相应的对策。

4. 行驶时间

行驶时间也就是停车者从停车场门口到停车位置之间的行驶时间，行驶时间的长短主要与三个方面有关：停车位的位置、停车路线中各个路段的道路车辆行驶状况和停车的路径。一般来说，停车者总是希望自己停车消耗的时间越短越好，也就意味着他们希望自己的行车时间做到最短。

5. 入库难度

驾驶员在停车时要考虑的问题分为两个方面。一方面取决于自己，主要考验的是驾驶员的熟练程度。对于一个有着丰富经验的司机来说，停车的难度不管有多大都能驾轻就熟，而如果是开车新手的话就影响很大了。另一方面取决于停车位置的周围环境和车子的外形大小。从现在的停车场车位设置方式来看，一般主要有三种形式的停车位：一种是"非字形"，一种是"斜线形"，一种是"一字形"，如图 8-4 所示。正常情况下，对于驾驶员来说"斜线形"的停车位最容易停车，其次是"非字形"，最难的是"一字形"。

除了与停车位的形式有关，入库难度还与停车位旁边是否有其他车辆的停靠有关，如图 8-5 所示。很显然，如果停车位的两边都有车停放着，停车者在停放时就需要更加小心谨慎，停车的难度大并且在停车过程中消耗的时间就会更长。

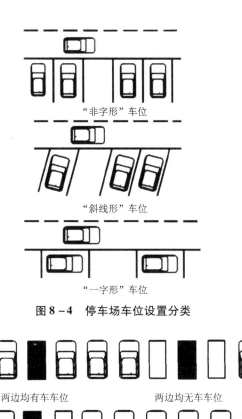

图 8-4 停车场车位设置分类

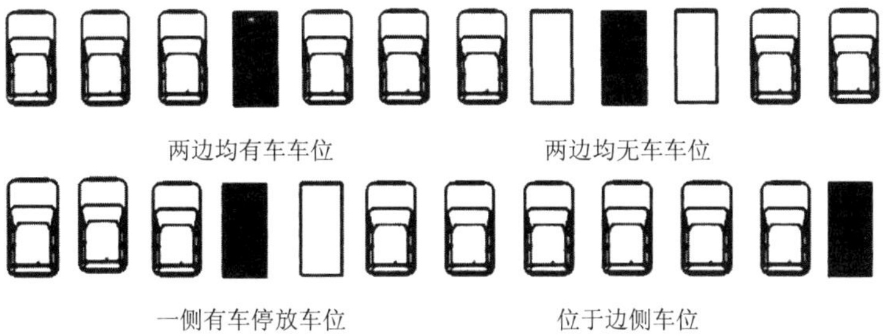

图 8-5 车位周围停车情况

可以从系统中统计到停车位旁边是否有车停放的各种状态下的停车信息,并对相关的历史信息进行统计。统计数据显示,车位方式不同、旁边有无车与停车时间都有着很密切的联系,就这些联系我们可以用赋权值的方法对入库的难度进行区分。

6. 步行时间

步行时间是指停车者从下车时算起,步行到停车场的出口位置或者步行至内部的某一升降电梯门口之间的路程所需要的总时间。一般来说,停车者总会选择最近的出口或者电梯走出停车场。根据相关的研究和调查显示,人们更愿意花更长的时间用来停车而不愿意多步行一段时间。

7. 遮阴情况

遮阴情况主要针对的是一些室外停车场、旋转式停车场等一些会被太阳光照射到的停车场地。从正常情况来说,停车者肯定不愿意自己的车在阳光下暴晒,更不愿意看到自己的车有"晒伤"的情况,所以说遮阴情况在夏天或者中午时分就显得特别重要。遮阴情况与当时的天气情况关系密切，同时还与停车场的停车环境相关联，相对应的处理方法是很难准确地衡量的。

8.5 停车泊位预订技术研究

先进的智能停车诱导系统应该具备停车位预订的功能，驾驶员可以通过网络等方式方便快速地预订目的地附近停车场的空余车位，从而节省盲目搜索停车场的时间。关于如何实现停车泊位预订，国内没见到有相关的研究和分析，本章通过对国外已有的停车泊位预订技术进行总结和分析，并给出了停车预订功能实现的物理框架，为停车预订技术的进一步研究及实施奠定了理论基础和技术保障。

8.5.1 停车泊位预订技术简介

停车泊位预订是智能停车诱导系统的一项特色功能，就是在出行前或出行途中提前为停车需求者预订停车泊位（包括开始时刻和预计停放时间），确保停车需求者不用在停车场入口处等待，可以直接有目的地进入停车位。停车需求者可以通过热线电话、Internet、手机、PDA等实现出行前和出行途中的停车预订，比如通过网络方便快速地预订目的地附近的空余车位，这种服务一般与智能卡一起使用，还可完成车辆识别和停车场电子付费等。停车位预订不仅为停车需求者免去临时找车位的麻烦，减少寻找泊位的时间，而且可以提高停车场的利用率，减少非法停车、由巡游交通量引发的交通阻塞以及环境污染等问题。有关停车场未来构想的调查问卷表明，不管是停车需求者还是停车场管理者都认识到停车预订服务的有效性。对于停车需求者来说，他们可以提前预约停车位，在目的地附近快速、安全、便捷地找到合适的泊位，从而免去临时找车位的烦恼。例如，用户要去看音乐会，一般情况下，靠近音乐会会场的停车场很容易爆满，那么用户宁愿多花一点钱进行停车预订。如果停车服务能满足用户的需求，就可以减少非法停车和寻找泊位浪费的时间，从而减少道路拥挤。对于停车场管理来说，即使没有人监视，停车场的管理系统也会知道车辆何时到达、何时离开，以及停车场的使用情况，提高了停车管理效率。另外，由于进入有停车预订服务系统的顾客将大大增加，因此可以带动停车场附近商业的发展。

8.5.2 停车泊位预试技术研究现状

日本、美国、德国等发达国家对停车泊位预试方面的研究比较多，美国的理论研究多，而日本和德国建立了试验系统。

2000年左右，日本 NTT 服务综合实验室的 K. Inaba，M. Shibui 等人研究了基于 Internet 的智能停车预试系统，并于 2000 年 5 月进行了试验。试验系统选择日本横滨地区的一个停车场，选用时间共享性预试服务，试验中假设用户可以通过网络预试停车位，这种网路可以提供实时的停车场状态图像，这样，乘客就可以很容易地看到停车位的使用情况。试验数据表明，停车费包括预试费应该根据时间段而有所不同，通过合理地收取停车费和采用停车预试服务，停车场使用率应该有很大的提高。

之后，日本的河津宏美等人在对停车预试系统进行研究的基础上，也做了相关的模拟试验。他们首先调查了现有停车场的现状，通过模型试验引入停车预试系统，研究预试系统引入前后车辆在停车场入口处的等待时间、运转效率等所发生的变化，系统引入前后的对比结果如表 8-1 所示。研究结果表明：如果把现有的停车场管理完全改为停车预试系统，所有的用户在停车场入口处无须等待便可停车，所以平均等待时间为零，与现有的系统相比有相当大的改善，但停车场的运转效率会略有下降。而且在现有停车场管理中，如果入口等待的车辆排队为 303 台，其中中途离开 110 台，即近三分之一的车辆由于不愿忍受等待而离开，这样造成交通拥挤或交通事故的可能性会增加。因此可以看出，停车预试是减少停车场进入等待时间的有效手段，也是缓解停车场周边的道路拥挤情况的有效途径。总体而言，停车预试系统对于改善停车状况具有重要作用。

表 8-1　现有系统和停车预试系统比较

项目	现有系统	停车预试系统
平均停车时间/min	118.7	118.8
等待概率/%	41.8	-
被拒绝概率/%	-	13.3
平均等待时间/min	13.4	0
停车场的运转率/%	88.3	85.5

2001 年后，美国学者 Dusan Teodorovic 和 Panta Lucic 提出了停车预订系统应该与停车总量管理相结合，并给出了停车预订情况下的基于人工智能的停车位总量控制系统，该系统结合仿真、最优控制、模糊逻辑等智能技术，用于在线决定是否接受一个停车请求。停车位总量管理与航空、酒店、火车等行业的总量管理类似，停车位总量控制问题主要有以下特点：停车需求是随时变化的；同酒店房间或饭店座位一样，停车位每天也有使用的高峰期；任何停车场或停车库可供停车需求者使用的停车泊位数都是有限的；不同停车者对于同一停车位的价格敏感度不同，比如，一个商人宁愿多付停车费也要把车停在离他办事的地方近的停车场，而一个工资阶层则会选择距离目的地较远价格较低的停车场；停车位可以较

容易地提前预订。建立停车位总量控制的模糊逻辑系统算法的具体步骤如下：步骤1，基于大量的停车需求者对停车场的停车请求，建立相应的累积值；步骤2，对相应的整数规划问题建模，寻找每种"模拟交通情况"的最优解；步骤3，基于第一步和第二步得到的统计数据，使用现有的Wang-Mendel's算法来生成模糊规则。

2003年，美国学者Moisakos，Bernstein和Tavantazis发表了关于停车预订问题的论文，其中特别提出了用于停车预订的确定型和随机型模型。之后，美国的Wu Sun，Moisakos，Bernstein又基于ILOG（用于数学规划领域的商业软件，具有最佳化解决问题的能力）的CPLEX最佳化软件，进行停车位预订模型的求解，设计并实现了基于Web的停车预订系统。在科隆的"stadtinfokoln"项目中，对智能停车诱导系统的停车泊位自动预订进行了试验，用户可以通过Internet、移动电话或直接利用车载telematics终端实现出行前或出行途中的停车预订。

对停车预订方面的研究在我国未见到相关的文献，但在应用实施方面，我国上海、北京的智能停车诱导系统允许停车需求者通过手机、网络、电话等方式实现停车位预订。

8.5.3　停车泊位预订的类型

智能停车诱导系统的停车位预订功能可以让停车需求者在某停车场内预约停车位，节约驾驶员寻找停车空位的时间，使驾车出行变得更有计划性。关于在什么地方预订车位的详细信息，国外有关的调查表明，很多人喜欢在公司或者家里预订车位，他们可以根据自身的情况通过固定电话、移动电话或车载终端等进行车位预订。

停车预订服务有两种类型：

（1）时间共享性预订服务（TSS-Time-Share Reservation Service）；

（2）实时性预订服务（RTS-Real-Time Reservation Service）。

两类停车位预订服务如图8-6所示。

1. 时间共享性预订服务

在时间共享性预订服务中，用户在停车预订过程中提供车辆进入的时间和离开的时间，根据这个时间预付停车费。但是用户必须在这个特定的时间段内使用预订的车位，在计划的进入时刻之前他们不能进入停车场，在计划的离开时刻之前用户应该离开停车场。如果预订用户在预订的时间内未能到达，停车位取消；如果用户的停车时间超过了预订时间段，那么他们必须交纳额外停车费用。时间共享性预订适合有计划出行的司机。

2. 实时性预订服务

在实时性预订服务中，用户所付的预订费是停车预订时刻和计划进入停车场

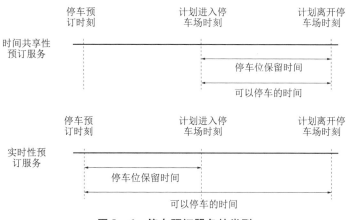

图 8-6 停车预订服务的类型

时刻之间的停车费用。由于不需要提供离开时刻，因此用户可以根据需要想停多长时间就停多长时间。停车费的计算从停车预订时刻算起，进入停车场后，车辆正常收费，车辆的管理与没有停车预订的车辆是一样的。如果司机在计划进入停车场之前未能按时到达，停车位取消。如果实际停车费用比预付停车费少，那么多余的部分会返还给用户。

实时性预订服务适合离停车场路程较短的停车用户。这类用户一般有这样几种：急需买东西的购物者；或者是一位推销员，由于紧急的情况他必须把车停在他客户的办公室旁；或者是一位卡车司机，因为一家店主要求货车中心立即交货。在这些情况下，不需要考虑取消预订的时间，因为用户的情况紧急。另外，用户预订的时刻与实际进入的时刻通常间隔都很小，这就是实时性预订服务的费用包括没有使用阶段的费用的原因。

8.6 停车泊位信息的合理发布

实时的可用停车泊位信息是智能停车诱导系统的关键，因此停车泊位信息的合理发布具有非常重要的意义。本章主要针对智能停车诱导系统的最常用、最基本的信息发布方式——可变信息标志的设计思想、发布策略、信息显示的算法、布设原则等进行分析和设计。

8.6.1 停车信息发布的影响因素分析

1. 停车场空余车位数量信息的有效性

停车场的停车空位数是实时动态变化的，在不同时段、不同时期变化规律不同。大多数情况下，驾驶员在获得停车信息后，行驶到停车场还需要一定的时间，所以发布的停车空位数量不应该恰好是当时停车场的停车空位数，否则会产生空车位信息的迟滞现象。所以，应该在变化规律的基础上对未来的停车空位数量进行必要的预测，也就是第二章所研究的有效停车泊位预测，以保证发布的空车位数量尽可能是驾驶员得到停车场信息后到达停车场时的空车位数量。

2. 停车场进出车辆的历史数据

停车场的进出车辆数，在不同的时间段内有不同的特点，其中有一定的规律性，比如，节假日的停车场进出车辆数量的变化比较快；每天驶入驶出停车场的车辆数有一个高峰期，一般驶入的高峰期早于驶出的高峰期。停车场空车位的发布要考虑到这些变化规律，只有这样才能得出更切合实际的停车场空位数。

3. 停车诱导显示屏到停车场的行程时间

距离停车场不同远近的停车诱导显示信息的类型和内容有一定的区别。显然，离停车场比较近的显示屏应该显示较近期的停车空位数；离停车场较远的显示屏应该显示相对远期的停车场空位数，否则，当驾驶员从离停车场较远的位置看到停车场的空位数较多，但是当行驶到停车场时，有可能出现没有空位的局面。所以，要充分考虑到车辆从停车诱导显示屏位置行驶到停车场的行程时间，这样才能不至于给驾驶员显示信息错误的感觉。

4. 空余停车位的发布策略

停车场空余车位发布应根据停车场的利用率等不同状态，制定不同的发布控制策略，比如在车位占有率达到一定比例的情况下，应考虑发布车位已满的信息，以免误导驾驶员，达到经济效益与社会效益的统一。因此，不同级别的停车诱导标志应该具有不同的发布策略。

8.6.2 停车信息发布的方式

智能停车诱导系统最重要的作用就是为驾驶员提供停车以及相关的信息，按照不同的分类标准，可分为车内方式和车外方式、群体方式和个体方式、可视方式和可听方式等。下面介绍几种主要的停车信息发布方式。

1. 可变信息标志

可变信息标志（Variable Message Sign，VMS）是能随停车状况的变化，随时改变其显示内容的一种动态标志，是目前智能停车诱导系统中最为基础、最为常用的信息发布形式。可以发布的停车信息内容包括：停车场路径诱导信息、停车场（库）及路侧停车点的分布信息、停车场（库）及路侧停车泊位占用信息、停车场（库）及路侧停车预测空位信息、停车场收费标准信息等。

对于 VMS 发布的实时停车信息可以采用文字、图形相结合的方式，与其他交通信息穿插播报，信息显示的时间不宜过长，应多次重复进行，以提高驾驶员对信息的注意力。

2. 交通广播

根据国外调查数据显示，目前广大驾驶员获得的动态交通信息 90% 以上来自交通广播，国内驾驶员获得交通信息的主要途径也是交通广播。交通广播所发布的信息与可变信息板发布的信息类似，但交通广播发布的信息中不包含停车场诱导路径信息以及停车场（库）及路侧停车点的分布信息。

通过交通广播发布方式发布的停车信息不可能是实时的，但可以定时播报，例如半小时播报。

3. 互联网

互联网可以为驾驶员提供相关停车信息，具体发布的停车信息内容包括：停车场路径查询信息、停车场（库）及路侧停车点的分布信息、停车场（库）开启状态信息、停车场（库）及路侧停车泊位占用信息、停车场（库）及路侧停车预测空位信息、停车场收费标准信息、停车位预订服务信息、停车政策信息等。

对于互联网发布的实时停车信息可以采用文字、图形相结合的方式，增强个性化停车服务功能。

4. 车载单元

车载机是车载导航系统的终端信息显示设备，具有向驾驶员实时传达当时的停车信息的能力，可显示路径诱导信息以及相关的道路交通信息等。智能停车诱导系统可以利用车载机为驾驶员提供各种个性化的信息服务。一般情况下，车载机可以提供出行目的地附近可用的停车场的位置分布、停车泊位状况、到达各停车场的路径、停车场的泊位预测信息、收费标准信息、停车预订服务等，也可以根据个人的不同需求，直接给出到达最合适停车场的诱导路径。

5. 其他方式

可以发布停车相关信息的还有交通电视台。国外资料显示，使用交通信息的用户中有 13% 是通过电视获得交通信息的，可获得的主要停车信息内容有停车场（库）位置信息、泊位信息、统计利用信息、收费标准等。

随着手机、PDA 的大量普及以及更新换代，用这种便携式个人用户终端接收各种信息已成为一种时尚和趋势。国外在手机、PDA 等便携式发布终端上进行交通信息的发布研究起步比较早，并且有了很多类似产品投入使用，在实际交通管理中起到了一定的作用。比如，用户可利用 SMS 终端向停车服务中心通过短信发出信息需求的请求，停车中心同样以短信的方式向用户提供所需的停车信息；BMW 集团在停车信息发布方面，可利用 PDA 通过蓝牙通信从车载机下载电子导航地图，为驾驶员提供从停车场到目的地的诱导路径。针对停车诱导信息发布，这类设备可以在出行前、出行途中为出行者提供停车相关信息，具体的信息与车载机发布的信息类似。

另外，还可通过电话、路边信息查询亭等设备获得相关的出行前和出行途中的停车信息。国外（比如德国）还有通过 DAB 数字广播向带有 DAB 接收机的汽车发布停车信息的方式。

8.6.3　停车信息发布的设计思想

智能停车诱导系统和城市交通控制系统均是重要的城市交通管理的手段，但两者存在显著区别。最重要的一点在于驾驶员对停车诱导是否是自愿接受的，而交通控制技术，驾驶员必须强制接受。为了使驾驶员更愿意接受停车引导，在 PGIS 的设计和控制中需要考虑驾驶员的行为反应。停车信息发布的设计思想如下。

1. 描述法

设计者试图向驾驶员提供尽可能多的停车信息，给驾车者更多的选择机会。德国科隆的 PGIS 就是采用这种方法设计的，我国目前一些大城市启用的智能停车诱导系统也均是采用这种设计思想，向驾驶员提供多个可供选择的停车场的停车信息。

2. 规定法

设计者只提供驾驶员应知道的停车信息，限制驾驶员的选择机会，大部分的停车决策权在 PGIS 手中。英国莱斯特的 PGIS 就是采用这种方法设计的，它由 21 个 VMS 组成，为总容量达 5 200 泊位的 8 个多层停车场服务。基于停车场选择的停车诱导路径优化技术遵循这种思想，即 PGIS 系统为驾驶员推荐最适合该驾驶员的一个最佳停车场和一条最佳路径。

在实际设计、使用中，常常是综合采用这两种方法。

目前的 PGIS 通常向驾驶员提供停车场位置或名称、去停车场的方向或路径以及停车场车位占用现状（一般用空闲、接近饱和、饱和三种状态显示或显示剩余停车位数目）这三类实时停车信息中的至少两类。有些 PGIS 还提供一些其他信息，比如停车场的类型等。

8.6.4　停车诱导信息的发布策略

在智能停车诱导系统中，停车信息是整个系统的核心和关键，信息的准确性、有效性和信息内容的形式、可接受程度等不仅关系到停车需求者对停车场的选择行为，更是停车用户对智能停车诱导系统信赖程度的重要影响因素，而接受并使用信息群体的人数在很大程度上决定着智能停车诱导系统的效益。因此，对停车诱导信息进行合理的发布具有相当重要的意义。下面针对可变信息显示装置这种目前最常用的信息发布方式分析停车诱导信息的发布策略。

1. 停车诱导分区的必要性及分区原则

实施智能停车诱导系统的主要目的就是在空间上合理分散交通流,减少停车场周边道路的交通拥堵。为了提高诱导效果,应当根据区域内停车场的规模、功能、布局以及其周边的设施,明确每个停车场的主要服务对象(例如大型商场、体育设施以及其他公共设施等)。在此基础上,将智能停车诱导系统的服务范围划分成若干个小区,分区管理来提高智能停车诱导系统的效率,这样还可从战略上避免由于 PGIS 产生新的局部拥堵问题。

过于复杂的信息会增加驾驶员的反应和理解时间,甚至有可能产生驾驶员来不及理解的极端现象,从而使停车诱导失去意义。因此,通过信息的分层简化,将诱导信息以简洁明了的形式提供给驾驶员,是避免信息过载的有效手段之一。因此,为了防止过多信息造成驾驶员的视认混乱,诱导信息的内容应根据 PGIS 服务对象区域,将诱导信息由简到繁,最后再由繁到简,分层发布,可以使得被诱导对象始终处于最佳的诱导信息之中。

智能停车诱导系统分区应遵循以下原则:

(1)每个分区的范围不宜过大,应当限制在 6~8 个街区,最好在边长为 500 m 左右的矩形区域内;

(2)每个小区内包含的服务对象设施(如大型商场、酒店)不宜过分集中,最好均匀分布;

(3)每个分区内的停车场容量和停车需求大致相等;

(4)应当避免行人流量大的道路跨越小区;

(5)通往停车场的诱导路线尽量避免出现左转;

(6)在干线道路类型明确的条件下,可以干线道路为分区的界线。

2. 诱导信息的层次划分

为了更好地发挥智能停车诱导系统的作用,应该对大城市的智能停车诱导系统按照一定的原则进行分区诱导,基于这种思想,提出分四级进行诱导。

1)一级诱导:预告性诱导

一方面,预告驾驶员前方有 PGIS;另一方面,显示几个行政区域的停车状况以及去往每个区域的行车方向。显示的信息主要是向停车需求者传递总的、轮廓性的停车信息。

一级诱导标志通常设置在多个区域的外围,在进入 PGIS 服务区域的主要进出口处。预告驾驶员前方有 PGIS 的停车诱导屏在德国的汉堡被广泛利用。

2)二级诱导:区域性诱导

二级诱导的主要目的是显示大城市中每个行政区域内的停车资源,为进入某区域的停车需求者提供该区域主要停车场的数量、分布情况及其有效停车泊位状况。二级诱导标志上应显示的内容为停车标志 P、区域路网图、司机所处位置、停车场所处位置(名称)及空车位数、行车方向。区域性诱导标志通常设置在进入每个行政区域的主要路口。

3）三级诱导：路口性诱导

三级诱导标志用于为即将通过某路口的停车需求者传达沿路口各个方向的停车场空车位状况及行车方向，主要显示各停车场名称、位置、有效停车泊位数以及行进方向，驾驶员可以据此找到停车场所在的位置。

三级诱导通常设置在每个区域内的主要路口。

4）四级诱导：单独停车场诱导

四级诱导标志牌的作用是向停车需求者提供停车标志 P、当前停车场的名称、空车位数、营业时间、收费价格、限高等信息。

所以，这类诱导标志设置在每个停车场的出入口附近，为每个停车场服务。

3. 停车诱导信息发布系统组成

按照智能停车诱导系统的总体结构以及发布信息的不同层次，停车诱导信息发布子系统由停车诱导主控中心、分控停车诱导中心、区域停车诱导中心、停车场管理端的多种终端发布单元组成。

停车诱导主控中心是智能停车诱导系统的关键部分，是各区域停车诱导信息数据及各终端发布子系统获取停车信息的汇聚点。停车诱导主控中心对来自不同区域停车诱导信息作分类编排，经融合处理后下达至各发布子系统，同时充分协调和管理各个分控中心及区域停车诱导中心的工作。

4. 有效停车泊位的发布控制

智能停车诱导系统在发布停车信息时，应该首先考虑信息需求者的利益，给用户提供尽可能准确的信息，尽量使需要停车者在首选停车场停车，从而避免无效交通流，这就需要在停车信息发布上运用合理的控制策略，以便更好地帮助出行者得到准确的停车信息。那么各级控制中心应对车位数据进行适当的处理然后再发布，在不同诱导层次发布不同的信息，以达到良好的诱导效果。

1）三级、四级停车诱导信息发布策略

根据以人为本的理念，三级和四级停车诱导信息是同停车场实际的停车泊位状况相符的，所以一般情况下无须人为干预，但是当停车场空车位数小于总车位的5%时，应立即发布车位为"0"或"满"的信息，从而尽量避免停车者到达时已没有车位的现象发生。

2）一级、二级停车诱导信息发布策略

二级停车诱导标志上的有效停车泊位信息对需求者选择停车场的影响是最大的，而一级停车诱导标志是对需求者进行方向性引导，对需求者的行车方向影响较大。这两个层次信息发布思想类似，本书以二级停车诱导标志为例，介绍这两个级别的停车信息发布策略，停车诱导信息发布的逻辑控制模型如图 8-7 所示。该模型从简单、实用、实施可行性的角度考虑，选择当前停车泊位信息、当前交通状况、从停车诱导信息标志到停车场的行程时间、停车需求变化等作为模型的影响因子，以当前停车诱导标志牌为参照点，对区域内各停车场空车位进行预测，并与停车场上传的当前信息对比然后确定发布的空车位数信息。一级诱导的信息发布逻辑模型与二级诱导的模型类似，不同的是二级是针对停车场，而一级是针对区域。

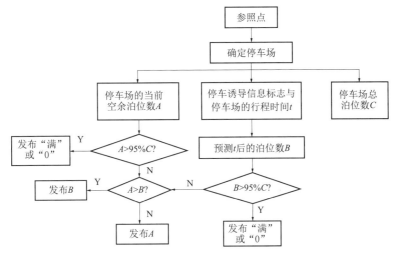

图 8-7 二级停车诱导信息发布的逻辑控制模型

5. 停车诱导信息的数据刷新周期

从智能停车诱导系统的信息刷新周期对驾驶员行为的影响来看，假如信息刷新的周期过长，将不能及时反映真实停车泊位占有情况的变化，驾驶员接收到的可能是已过时的信息。同样，信息刷新周期如果太短，一方面系统中信息刷新密度比较频繁，引起系统实现上的困难；另一方面频繁改变的信息往往会使驾驶员感到难以应付甚至产生反感，影响其正确进行判断和选择，特别在信息内容变化不大时尤其如此。合适的刷新周期是保证信息准确的一个重要方面，刷新周期的长短可以根据诱导区域的大小以及本区域的交通状况来确定。比如，北京西单地区根据其作用区域的大小及区域内的交通状况确定刷新周期为 5min，实践证明是合适的。结合国外的情况，通过调查和经验分析，确定信息刷新时间间隔为 5min。

6. "空、满"状态判定标准

智能停车诱导系统发布的停车信息可以包括两种方式：实际剩余/预测的剩余车位数量、停车场的"空、满"状态。在车位较为充足的情况下，两种信息的效果没有大的不同。但在剩余车位少到一定程度（比如 2 个）时，车位剩余法有可能会导致驾驶员看到这个信息后无所适从、停车需求向某一点集中的不利局面产生，由此增加因信息的误导（驾驶员个人认为）而带来的不满意度。因此，在实际应用中，应综合两种方法使用。在一级诱导显示标志中也经常使用"空、满"法发布方式。那么，如何根据诱导信息板的位置、实时交通状况等来确定停车场的"空、满"状态呢？

结合多个国外以及国内停车场的经验，当停车场的实际利用率或预测一定时间后的利用率在95%以上时，则视该停车场为"满"，否则为"空"。具体的停车场"空、满"状态判定方法如图8-8所示，该方法是在综合考虑当前停车泊位信息、从停车诱导信息标志到停车场的行程时间（基于道路的实际交通状况）、停车泊位预测信息等的基础上，得到停车场的"空、满"状态。该标准可以有效防止驾驶员从信息板上看到停车场"空"，而到达停车场时已没有空车位的情形发生。

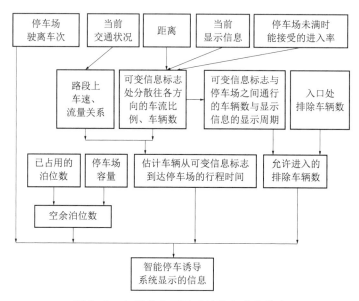

图8-8 智能停车诱导系统信息发布算法

8.6.5 智能停车诱导系统信息显示的算法

在停车诱导信息显示系统的构建过程中，除了上述停车诱导发布信息控制逻辑模型中考虑的当前停车泊位信息、从停车诱导信息标志到停车场的行程时间、停车需求变化因素外，还应该综合考虑各种因素的影响，对停车诱导信息显示系统的算法体系进行分析。

在系统中，通过一定的数据处理流程，对采集到的基础数据信息以及预设的系统静态数据信息进行综合分析，可以从路网状态、设施情况预测出停车场泊位值的变化趋势，同时结合道路车流的信息，可以制定出合理的停车场诱导信息，以实现对区域静态交通的诱导与控制。具体结构如图8-8所示。在今后的工作中，应根据该算法进行完善，以保证发布的停车诱导信息更加准确、有效，增强驾驶员对智能停车诱导系统的信赖程度。

另外，在具有停车预订功能的智能停车诱导系统中，应该考虑停车预订对泊位信息发布的影响。

8.6.6 可变信息标志的布设原则

目前,可变信息标志仍是智能停车诱导系统中最基础、最常用的一种信息发布方式。而信息标志的设置形式、设置密度对于信息的可视性、实时性具有重要影响。如果提供的是前方停车场已满,标志设置的位置就要使驾驶员在必要时可改道。下面是智能停车诱导系统的信息标志设置的一般准则。

一般设置准则:诱导标志一般设置于主要交叉口的上游,具体的距离交叉口的距离与道路交通流特性、车辆在该路段的运行速度有关。发布屏前不得有遮挡物影响司机快速识读发布内容,还要考虑相关道路的市政工程条件,如供电、通信、地下管线、安装基础场地等。

一般间距准则:诱导标志之间的距离一般为 1.2 km 比较合适,对于整体的系统来说,诱导标志之间的距离则以 1.6~2.4 km 比较实用,在确定这类标志的间距时,交叉口的间距也是重要的影响因素。前面提到,停车信息发布的控制策略分四级诱导方式,那么可变信息标志的布设原则也根据不同的诱导层次有所不同。

1. 一级诱导标志布设原则

一级诱导标志主要安装在环路与环路联络线交口的上游,屏前不得有影响司机快速识读显示内容的遮挡物。

主要布设在城市环路及快速路上,具体应安装在交通流容易集中路段或主要交通路口的上游,且诱导屏的下游具有分流能力。具体距离路口的距离应根据交通标志的要求来计算确定。

2. 二级诱导标志布设原则

二级诱导标志设置在进入某个诱导区域的主要道路的交叉口入口前的一定距离。其安装在进入该区域主要道路右侧,诱导牌到交叉口的前置距离仍根据道路速度和一级诱导标志布设中的公式来确定,下沿距地面 5.5 m,同时注意不要对其他交通标志产生干扰。为进入本区域的司机提供区域内主要停车场的总体分布及空车位状况。

3. 三级诱导标志布设原则

该类诱导牌放置在区域内各停车场周围的主要路口,一般一块或多块该类型诱导牌组合在一起使用,其中一块诱导牌对应一个停车场,用来指示从诱导牌竖立的地方去往附近的停车场的行车方向及空车位数。同时考虑禁左、单行线等路线管制,避免不必要的安装。由于车辆在区域内街道行驶速度较低,故该类诱导牌与路交口的前置距离为 15 m 左右即可。安装可采用双立柱抱箍式,诱导牌下缘距地面 2.5 m,不能被其他物体遮挡。

4. 四级诱导标志布设原则

该类诱导牌安装在具体停车场（库）入口处，安装采用单立柱抱箍式，通过诱导牌后侧的抱箍安装在立柱上，诱导牌下缘距地面 2.5 m；其安装、控制的要求与三级的相同。

8.7 停车信息的高效传输技术研究

智能停车诱导系统数据通信子系统的基本任务是保证在信息采集、信息处理和信息发布过程中信息传输的畅通，主要包括以下通信：车辆与停车场之间的通信、停车场信息采集设备到停车控制中心的通信、控制中心与车辆间的通信、控制中心与可变信息板等信息发布方式之间的通信。本章首先分析停车诱导信息传输的需求特点，然后阐述各种先进高效的通信方式在智能停车诱导系统中的应用范围和应用框架，最后探讨基于 GPRS 的智能停车诱导系统通信方案设计。

8.7.1 停车诱导信息传输的需求特点

1. 实时性

智能停车诱导系统要为停车需求者提供实时的停车信息和路况信息，以有助于驾驶员及时调整路线和确定停车场，避免到了停车场却没有空位的情况出现。这就需要停车诱导信息的传输要满足实时性要求。

2. 高效性

如果车辆进出停车场均可以不停车便可完成收费、预订确认等过程，也就是系统自动记录进入时间和停泊时间，在离开时自动扣费，那么这样不仅节省了时间，提高了停车效率，而且可以避免因等待进入停车场引起的交通阻塞，并减少由此引起的环境污染。

3. 可靠性

通信网络应保证数据传输的可靠性高、准确性好、误码率低、通信质量高等要求，这样才能保证智能停车诱导系统信息的有效传输，使智能停车诱导系统能够更好地为停车需求者服务，这就要求通信系统的信源编码（解决有效性指标）和信道编码（又称为差错控制编码、解决可靠性指标）要有较高的标准。随着各种智能交通系统的普及，需要传输的交通数据越来越多，这就要求在既满足信息传输的实时性、高效性的同时，又保证信息传输的可靠性、准确性。

4. 便捷性

如果停车需求者能够方便、快捷地从智能停车诱导系统获得相关的交通信息，那么系统就可以有效地对停车需求者进行引导，减少因驾驶员漫无目标地寻找停车场带来的交通阻塞,以及因找不到停车位而乱停乱放造成的道路阻塞和交通事故。这取决于通信方式的便捷性。

5. 随时随地性

在智能停车诱导系统中,为了更好地满足移动用户(停车需求者)的需求,使移动用户可以随时随地获得各种所需停车信息,并满足他们个性化的信息需求(比如停车预订等),系统的信息传输方式应该能够让停车需求者随时随地都能接收停车等相关信息。

6. 安全性

先进的智能停车诱导系统可自动收取停车费,或者通过 Internet、车载单元进行停车位预订并支付预定费,因此通信系统应能提供安全系数高的数据加密模块,以保证数据传输的安全性。

8.7.2 先进高效的信息传输方式

先进的智能停车诱导系统的通信主要包括:
(1)车辆与停车场之间的通信(收费、预订等);
(2)停车场信息采集设备与停车诱导管理中心之间的通信;
(3)停车诱导管理中心与车辆之间的通信;
(4)停车诱导管理中心与可变信息标志等信息发布方式之间的通信。

智能停车诱导系统传统的数据通信方式:有线传输方式,FM 调频副载波(RDS、RBDS、DARC、HSDS、STIC 等)、卫星通信,集群通信,公共交换电话网(PSTN),红外线通信,蜂窝数据通信(如 GSM、CDPD、Mobitex、ARDIS 等)等无线传输方式。基于 6.1 节中提到的停车诱导信息传输的需求特点,采用无线通信是比较理想的通信方式。

随着无线通信技术的飞速发展,越来越多传输能力强的信息传输方式应用到智能停车诱导系统中,作为实时交通信息的传输媒介,来保证系统信息传输的实时、有效、准确、安全,未来交通信息服务的发展趋势就是集成多种无线传输媒介来提供实时交通服务。

8.7.3 基于 GPRS 的智能停车诱导系统通信方案设计

在停车场到停车诱导管理中心以及中心到停车信息诱导屏之间,如果采用有线传输,施工难度较大(特别是在城市比较繁华的商业区等地方)、费用高,而且相对于无线传输而言,有线传输方式的数据传输量相对较小,数据以间断式的包而非连续的数据流方式传送,因此,本书选用 GPRS 无线通信方式作为智能停车诱导系统的通信方式。

在停车信息采集子系统与停车诱导管理中心之间以及管理中心与停车信息发布方式之间的通信传输可均通过 GPRS 无线通信来实现，如图 8-9 所示。GPRS 方式按流量计费，通信成本较低，而且也可以保证信息刷新的实时性。

信息采集部分由采集设备、PC 机、无线 Modem 组成，PC 机接收停车泊位变化信息，并通过 GPRS Modem 发送至停车诱导管理中心。PC 机上安装有开发的软件，用于控制 Modem 与停车诱导管理中心之间进行基于 TCP/IP 的通信。

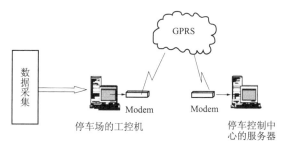

图 8-9　基于 GPRS 的信息采集部分通信设计

信息发布部分由各种停车信息发布终端（可变信息显示屏、车载单元、Internet、个人手持终端 PDA 等）、GPRS Modem 等组成。各种信息发布终端与停车诱导管理中心之间通过 TCP/IP 协议，利用 GPRS Modem 进行数据通信。

停车诱导管理中心有固定的 IP 地址，各停车场数据采集装置通过 TCP/IP 协议（GPRS 或 ADSL 均可）与停车诱导管理中心进行通信。停车诱导管理中心存储有各停车场数据采集装置和 LED 信息，发布的通信参数及它们之间的映射表，这样就能自动将各停车场的车位信息发布到相应的 LED 显示屏上。停车诱导管理中心与 LED 屏之间的通信采用无线 GPRS 方式。

作为增值业务，停车诱导管理中心还可以作为 Webserver 在 Internet 上发布停车场信息，以及通过 GPRS 网向手机用户提供短信点播业务，即直接将用户定制的停车场信息发送到用户手机，甚至能向车载终端发布车辆附近停车场的车位信息。另外，停车诱导中心存储了停车场的分布和路径信息，可以为部署和规划停车场提供参考信息。

第9章
基于物联网的智能停车缴费系统设计与实现

9.1 智能停车缴费系统需求分析

9.1.1 智能停车缴费系统的需求

停车场商户对系统的要求：帮助停车场商户节约运营成本，包括硬件投资成本及人员成本，提高停车场的工作效率，要实时掌握停车场车位情况，引导驾驶员找到停车位，提升停车场的利用率；停车场商户所管辖的智能停车缴费系统形成一个网络，缴费数据要集中管理，并提供数据接口，与财务系统进行对接；系统尽量做到少人值守或无人值守，要完全智能化运行，系统要对停车场的车辆停车进行统一管理，实现停车场自动化的开关匝道、自动缴费、自动识别车牌、电子货币自动结算；系统要求 RFID 设备采用分布式运行，系统的设备部分具有自诊断功能，设备故障要及时告警并在主设备中有记录故障日志功能。

车辆用户所关心的是在城市中所有的停车缴费能够实现一卡通用，办理停车卡的地点要方便，可以在银行、停车场、报刊亭等地办理；能通过手机或 Web 到系统中查询历史停车记录信息，并可实时检索车辆停放位置，停车卡的充值要支持多种途径，通过短信能查询停车场的空闲车位及停车场的基本信息。

交通部门在城市智能交通发展方面所关注的是当前市中心的交通是否通畅，全市的停车位有多少，并可实时查询空闲停车位的情况及车辆已经停放在停车场的数量，监管停车场运营情况，根据这些数据进行分析，对指导道路建设规划有很大的作用。

9.1.2 智能停车缴费系统功能分析

智能停车缴费系统以 RFID 电子标签为基础，RFID 电子标签存储了车牌、进出时间等信息，以车辆出入库、电子货币缴费等主要业务流程为主线，包括：业务数据采集、停车场集中管理、停车场运营管理、RFID 用户管理等系统功能模块。下面分析各功能模块。

1. 业务数据采集

传统的停车缴费系统的业务数据采集方式有以下种类：第一种，人工方式。工作人员将车牌、车辆出入时间信息登记在一张卡片上，手工完成计费，工作人员打开道闸放行，这种方式带来了停车缴费的数据汇总困难，没有完善的报表；工作人员可以自制卡片，将收到的停车费纳入私有；工作人员还能与驾驶员建立某种私下关系，对车辆进出不在卡片上进行登记，而采取少收停车费或不收停车费导致停车场收入下降。第二种，半智能 IC 卡方式。IC 卡读写器与计算机相连，读写器将读到的 IC 卡号和读卡时间（车辆出入时间）传入计算机，由计算机完成计费，驾驶员缴费后，由工作人员打开道闸。IC 卡方式只适用于单个停车场管理，当计算机出现故障时，缴费系统停止工作，需要较长时间恢复，在故障期间只能采用人工登记方式替代 IC 卡方式，缴费系统恢复工作后，还必须通过人工将数据录入到系统中。停车缴费系统不但存在计算机硬件故障的风险，还存在停车缴费系统的软件故障风险：系统死机、数据库存储达到极限、病毒侵入、工作人员误删除系统文件等，这些都影响停车缴费信息的采集。因此，停车的所有业务以数据采集为基本，采用 RFID 技术和 ARM 技术完成系统数据智能采集。

在基于物联网的智能停车缴费系统中要完全摆脱人工干预，实现停车场智能化管理，系统采用 RFID 电子标签、RFID 读写器、ARM 通信管理机等低功耗的设备共同实现停车场的智能化。RFID 电子标签能存储车辆的一些信息，如电子标签 ID、车牌号、入道闸时间、出道闸时间、停车包月信息、剩余金额等，电子标签要具有一定距离范围内数据信息传输功能；在停车场的出、入库要实现不停车的情况下完成与 RFID 读写器设备的数据信息交换；电子标签不需要干电池就能工作，只需要收到 RFID 读写器发送的电磁波信号，并将信号转换成可工作能量；电子标签在系统中要具有一定的数据安全性能，只有收到合法的读写器的读写数据指令方可进行数据交换，数据传输需要加密；当检测到非法的读写器一直在试探扫描 RFID 电子标签信息时，在扫描到一定的次数后，RFID 电子标签要自动锁定数据信息，通过系统的解锁设备工具方可恢复正常工作。读写器通过无线射频技术在车辆经过道闸时，自动读取电子标签的数据。读写器通过天线将向电子标签发送数据传输指令，读写器收到数据后，通过 RS485/RS232/IC 总线通道将数据送到以 ARM 为核心技术的通信管理机中，通信管理机的操作系统采用 LINUX 内核，经处理器 S3C2440X 分析 RFID 电子标签数据后，发送指令给 RFID 读写器，同时将处理后的数据通过专用的网络（如 GPRS、电信宽带）发送给数据中心服务器（集中管理），由数据中心服务器进行统一管理。

本模块的主要功能：

(1) 读写 RFID 电子标签，RFID 读写器采用密码方式自动读取 RFID 电子标签信息，当收到通信管理机的写数据到电子标签的指令时，必须完成向电子标签写入工作，RFID 读写器要自动识别非法的 RFID 电子标签，RFID 读写器的天线能量辐射范围要符合停车场出、入库的 RFID 电子标签的工作范围。

（2）RFID 读写器与通信管理机的通信。目前读写器对外接口主要有 RS232、RS485、RS422、以太网。电子标签、读写器、通信管理机使用统一的通信协议：ISO 18000—6B 协议，通信管理机分析处理 RFID 电子标签数据信息、存储停车场的价格信息、完成自动计费、从数据服务中心下载停车场内的 RFID 标签车辆的最新的数据信息（如充值），并通过 RFID 读写器完成 RFID 电子标签的数据写入。

（3）通信管理机与远程服务器通信。通信方式支持 GPRS、电信宽带，自动检测通信链路，通信链路异常，通信管理机将数据保存在本地，待通信恢复后主动将标签信息上传给数据中心服务器。

（4）对时功能通信管理机与数据中心服务器时钟同步通信管理机检测地面感应线圈的信号，通过指令自动完成控制道闸的开、关、暂停。

（5）采集设备具有低功耗性能，所有设备都具有故障自动诊断功能。

2. 停车场集中管理

目前停车场管理软件大多是单机版或 C/S 架构的，且只能完成单个停车场的业务，有的开发商在一座城市的不同区域建有多处商务楼、居民住宅小区，但开发商必须为每个小区购买停车场管理软件、添加计算机设备等，增加停车场的工作管理人员，同时这些停车场的数据不能实现共享，物业公司的领导不能实时掌握停车场的车位信息，价格调整不能实现各小区同步。如果存在停车场的管理系统不是由一个供应商所提供的，会导致各个停车场的财务报表数据格式不能统一，对停车场管理软件的维护工作无形中加大了难度，从而增加了成本。

不仅一个开发商有多处停车场存在上述问题，而一座城市的数百、数千个停车场也存在类似的问题，这些问题给政府在城市规划、建设、投资方面带来了一定的影响。人民生活水平提升了，收入也提高了，在二、三线城市，家庭汽车的发放牌照平均每日在 400 个左右。在市区，驾驶员的首要问题就是外出时车停放在哪个位置最合适，实际到达目的地后，无空闲车位，只好另找附近的停车场。这一系列的问题主要是因为城市的停车场没有形成网络化，所有停车场的车位信息不能集中化管理，这些停车位信息不能实现智能化地诱导驾驶员停车。

现有的半智能化 IC 卡的停车场管理系统无法做到将停车场的数据通过 Web 浏览器查看。停车场的数据单独保存，大多数停车场的数据备份是在同一个硬盘的不同分区里保存，硬盘因某种原因引起磁道损坏，硬盘中所有停车场的数据将无法读取。因成本问题，停车场的计算机一般采用组装机，很少采用专业的服务器来执行停车场管理系统，数据备份机制没有采用双硬盘或磁盘阵列。

目前，半智能 IC 卡的停车场管理系统可以提供停车场的停车空闲位，但不能给驾驶员提供周边的停车场信息。停车场的支付方式通常只有货币和包月方式，但各停车场支付情况各不相同，针对包月情形，驾驶员必须是一个停车场对应一张包月卡。

当车辆出库时经常出现寻找停车卡的情况，如有时在办事的过程中经常出现停车卡的丢失情况，或驾驶员常携带几张停车卡，在出库时常常张冠李戴。城市的所有停车场的 IC 卡互不兼容，即使软件一样，IC 卡里的数据也不一样，这样就浪费了 IC 卡的资源，且 IC 卡损坏报废，也不利于城市的环保。

在城市道路的一些路段，交通部门设置了收费临时停车位。这些停车位必须用交通部门的专用停车卡才能停车。临时停车位的路段有专管员看管，当发现车辆在临时停车位而未刷卡时，此车将收到一张来自交通部门的乱停车的罚款单，这种专用停车卡不能用于商业的停车场。此外，这种卡充值非常不方便，只能在几个固定的地点充值，且必须要人和卡一起到充值地点办理，如果驾驶员没有带银行卡或现金，此卡将无法完成充值。

而本章提到的停车场集中管理功能就很好地解决了以上问题。

基于物联网的智能停车缴费系统为每个停车场搭建一个完整的停车场管理系统，把所有停车场的数据集中管理，统一报表格式，实时更新空闲车位，实时地了解停车位使用情况，能定位已进入停车场的车辆所在位置，对城市的所有停车场的运营信息进行分析，给城市的交通建设提供准确的数据依据。城市的所有停车场实行一张 RFID 电子标签对应一辆车，电子标签可以与手机钱包、网上银行、支付宝、银联等进行对接，车辆停车缴费实行自动计算扣费，无人值守。

本模块的主要功能：接收车辆出入停车场的数据信息，并将数据存放到大型数据库（如 ORCALE）的服务器上，将 RFID 电子标签用户的最新充值数据下传到通信管理机，并由通信管理机完成对 RFID 电子标签用户的写入、时钟自动校正、下传停车场的收费价格等功能，停车场集中管理完成停车场基本信息的管理。（停车场信息包括停车场 ID、停车场的名称、所在位置、拥有的车位数、执行的价格信息、周边信息的描述、停车场的联系人、联系人的固定电话、停车场的通信管理机 ID、信息创建时间、所属组织或单位等。）查询所有停车场的基本信息、停车场的车辆包月信息、车位使用实时情况；查询 RFID 电子标签用户车辆的消费详情、历史充值记录；支持手机短信、IVR 等接口实现车辆与 RFID 电子标签绑定、停车场的车位情况查询；支持手机钱包、网上银行、支付宝等第三方交易平台对 RFID 电子标签用户的停车费进行充值。

3. 停车场运营管理

该功能的主要操作对象是各停车场的管理员及财务人员。停车场运营管理功能相对以往停车场的管理软件使用上要简单些，操作员不需要到停车场的岗亭或办公室进行管理和查询；在技术上不需要软件售后，由运营商统一服务；不需要计算机等设备投资，由运营商提供硬件；停车场的数据要实现集中管理、数据格式统一，并为停车场的停车数据信息建立备份，操作员只需连接到互联网就可以进行操作，不受时间、地点、空间的限制，即可完成停车场的业务处理；操作员可同时管理多个停车场，将所管理的停车场的缴费数据进行统一格式与财务系统对接。

操作员登录到停车场运营管理模块时，必须通过数据库服务器进行签权认证。操作员所有操作在系统中都有操作日志。

本模块的主要功能：管理员及财务人员只能管理归属的停车场，可修改停车场的联系人和联系电话、系统登录密码。添加 RFID 电子标签的车辆包月用户信息：车牌号、RFID 电子标签 ID、包月起始日期、包月终止日期、金额、创建时间；查询所属停车场的基本信息、车位实时数据、停车场执行的价格信息、所属停车场的消费情况，按时间段可打印、导出停车场的包月报表、消费报表。

4. RFID 用户管理

该功能的主要操作对象是 RFID 电子标签的车辆用户。以往停车场的收费方式主要有两种：一种是包月方式，包月方式比较适合在住宅区及办公楼里的停车场；另一种是收取现金，针对临时车辆。

有的停车场是采用卡片形式记录的，卡片用完之后，经停车场的财务人员对数据核对后，将卡片丢弃，驾驶员不能查询停车收费的历史记录，个人想了解最近 1 周或 1 月、1 年的停车费用情况也是比较困难的。

停车收费历史记录相对公务用车来说非常重要，公务用车的停车费用一年累计下来是一笔不小的开支，这笔停车费相对单位来说是一笔糊涂账，存在驾驶员向停车场多拿停车发票的情况，且每个停车场的执行价格不一样。公务车的驾驶员如果找不到办事地点的停车位，则会开到附近的停车场，在找停车位的过程将产生一笔很大的费用（如油费）。单位领导一般情况下是很难通过技术手段查询公务车的停车费用的。

驾驶员存在多张停车卡的问题：包月卡、道路临时停车收费卡、停车场临时出入卡等，且这些卡的充值、收费极为不方便。本章提到的 RFID 用户管理功能就是针对这些情况的。

驾驶员可以到停车场、银行、移动营业厅代办点、报刊亭等领取一张停车场的 RFID 电子标签，通过短信、AVR、Web 方式将 RFID 电子标签 ID 在系统进行注册，注册成功后，为账户进行停车费充值，完成后便可到城市的所有停车场使用。

为了让 RFID 电子标签的车辆消费得明明白白，在互联网的终端上就要可以随时随地查询历史停车记录和统计的停车费用情况，查询车辆现在是否停在某一个停车场，查询停车场的价格、停车场的周边情况、停车场的空闲车位情况。

用户要将 RFID 电子标签在系统中进行电子注册，建立自己的档案，用户登录到系统要有密码和账号，必须通过数据库服务器进行签权认证，用户可修改个人资料姓名、联系方式及登录密码。

9.2 智能停车缴费系统架构与流程设计

根据系统功能的需求分析，基于物联网的智能停车缴费系统设计将以物联网三层结构模型来完成，基于 ARM 平台的通信管理机完成 RFID 设备数据采集，并与远程数据服务器中心交换核心，采用 RFID 技术、ARM 技术、Web 技术实现系统主要功能。下文将结合这些具体技术以解决智能停车缴费系统的需求，详细阐述智能停车缴费系统的系统网络架构、系统架构以及流程设计。

9.2.1 智能停车缴费系统网络架构设计

智能停车缴费系统的网络架构如图 9-1 所示。

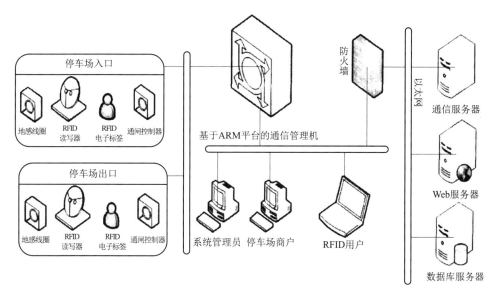

图 9-1 智能停车缴费的网络架构

智能停车缴费系统网络架构分析如下：

地感线圈安装在停车场的入库、出库的地下，在本系统中与通信管理机配套使用，当车辆进入地感线圈范围时，通信管理机将收到车辆的信号。道闸控制器主要控制停车场的入库、出库处的道闸的开、关、停，指令由通信管理机下达。

基于 ARM 平台的通信管理机通过接点实时采集停车场的入库、出库的地感线圈的信号，收到车辆进出的地感线圈的信号后，通信管理机启动 RFID 读写器工作，RFID 读写器扫描本系统的 RFID 电子标签信息，通信管理机对 RFID 读写器传送的电子标签信息进行验证，RFID 电子标签通过后，通信管理机发送指令给道闸控制器，要求道闸控制器打开道闸，让车辆通行。通信管理机、RFID 读写器、RFID 电子标签之间的数据传输采用统一的 ISO 18000—6B 协议。通信管理机将 RFID 电子标签数据通过电信宽带或 GPRS 将数据按自定义的通信协议传输到固定公网 IP 的通信服务器上。

通信服务器采用专用、高速服务器，以 TCP/IP 方式与城市的所有停车场的通信管理机进行实时通信，主要完成停车场的数据更新，如价格；到数据库服务器查询 RFID 电子标签是否有可更新的数据，如充值；向通信管理机发送时钟同步数据；接收通信管理机的 RFID 电子标签消费数据；建立短信充值、IVR、网上银行、支付宝等外部接口通信。另外，在局域网内，通信服务器还要与数据库服务器进行通信，主要向数据库服务器进行读写数据操作。

数据库服务器采用 LINUX 平台，采用大型数据库—Oracle，主要存储城市所有的 RFID 停车场系统的数据，建立一些数据库操作：存储过程、视图，供外部系统调用。数据服务器将城市的所有停车场的数据集中管理，采用了数据备份（含异地备份）机制，这些数据可供城市规划单位进行数据分析、挖掘。

Web 服务器主要完成停车场集中管理、停车场运营管理、RFID 用户停车数据查询功能，并与数据库服务器进行通信。还负责对登录 Web 的操作用户进行签权认证，通过签权后方可进入系统，操作员通过 IE 浏览器来完成业务的处理。

通信服务器、数据库服务器、Web 服务器在一个局域网内，外部访问这些服务器必须通过防火墙、身份认证。数据库服务器只接受通信服务器、Web 服务器的操作。

系统管理员、停车场商户、RFID 用户是操作用户的终端，通过用户名和密码登录到 Web 服务器，按权限级别完成对系统的一些操作功能。停车场商户在系统的注册由系统管理员审核后负责完成，RFID 用户注册需要办理本系统的 RFID 电子标签，通过手机短信、AVR、Web 完成注册。

9.2.2 基于物联网的智能停车缴费系统逻辑架构

基于物联网的智能停车缴费系统架构采用三层架构，分为采集层、业务层和应用层。

（1）采集层：主要完成对地感线圈的信号采集，通信管理机收到此信号才能对 RFID 读写器、道闸控制器传达正确的指令；RFID 读写器只有自动完成对 RFID 电子标签数据采集，通信管理机才能对 RFID 电子标签的数据进行分析、处理。采集层是基于物联网的智能停车缴费系统的数据基础，信号、标签信号采集必须可靠。

（2）业务层：主要完成对事务逻辑的处理，包括以下几个方面：根据采集层传输的数据进行消费结算、自动扣费及显示提示信息，实现自动收费；根据计算向道闸控制器下发相应的开关命令，实现道闸的自动控制；将每一条消费记录通过 GPRS 或者电信宽带发送到服务器保存；服务器将每一条消费记录通过短信发送到相应用户，实现消费短信通知功能；当停车场价格发生调整时，系统将通过 GPRS 或者电信宽带自动下载价格调整信息，并保存到通信管理机；用户可通过各种渠道充值，系统将通过 GPRS 或者电信宽带自动下载充值信息，保存到相应的 RFID 卡；处理 RFID 用户在某停车场的包月数据，并写入 RFID 卡。

（3）应用层：主要完成系统数据的查询和管理，用户可以通过互联网方便地查询到相关信息，包括城市的所有停车场信息、停车卡信息、用户消费数据信息、各停车场车位信息、包月数据记录信息、各停车场价格信息、用户停车充值信息。

9.2.3 智能停车缴费系统流程设计

基于物联网的智能停车缴费系统的需求设计，在系统流程上最主要的有车辆入库、出库以及数据采集流程。下面就对各流程进行分析。

1. 车辆入库流程设计

基于 ARM 平台的通信管理机实时监控停车场入库的地感线圈的信号，当检测到车辆信号时，RFID 读写器将获取 RFID 电子标签的信息，将信息送达通信管理机进行分析处理，系统自动打开道闸，车辆可以进入停车场。

首先，在距离入库 2~3m 处安装地感线圈，当车辆驶入停车场时，地感线圈将检测到车辆，并将检测的信号传送给基于 ARM 平台的通信管理机上 ID 的入库节点，通信管理机随后启动 RFID 读写器工作，发送读 RFID 电子标签指令，获取 RFID 电子标签识别码，RFID 电子标签回传的信息中记录了一些数据信息。如果 RFID 电子标签不可识别、车辆无 RFID 电子标签、可识别但为非本系统的电子标签，则采取人工登记处理，进行开闸放行；当 RFID 电子标签信息可识别时，要判断该用户是否包月，是否暂停使用，若该用户处于正常状态则通信管理机下传指令给道闸控制器，自动打开道闸放行车辆进入，同时通信管理机通过电信宽带、GPRS 等网络通信方式，向远程的数据服务中心请求该 RFID 电子标签一些重要且必须更新的数据：是否为包月用户、是否要进行充值等，将更新的数据下载到通信管理机保存。当车辆驶入道闸栏杆的另一侧地面设置的感应线圈时，感应线圈的信号发送至通信管理机，则通信管理机下达自动关闭入道闸的指令，完成了车辆入库工作。RFID 电子标签车辆入库后，在通信管理机保存该车辆的入库时间及从服务器下载的新数据。

2. 车辆出库流程设计

车辆在出库时，在出库流程中要对车辆进行收费，RFID 电子标签用户则要通过通信管理机将数据上传到远程数据服务中心。

在距离出库 2~3m 处安装地感线圈，当车辆驶出停车场时，地感线圈将检测到车辆，并将检测的信号传送给基于 ARM 平台的通信管理机上 ID 的出库节点，通信管理机立即启动 RFID 读写器工作，进行 RFID 电子标签识别，获取 RFID 电子标签的数据信息。如果 RFID 电子标签不可识别、车辆无 RFID 电子标签、可识别但为非本系统的电子标签，则采取人工登记处理、收费，人工进行开闸放行；当 RFID 电子标签信息可识别时，要判断该用户是否包月，是否暂停使用，若该用户处于正常状态则通信管理机下传指令送给出道闸控制器，自动打开道闸放行车辆，同时通信管理机要完成以下工作：根据 RFID 车辆的入库、出库的时间计算车辆在该停车场的停留时长、按停车标准收费段，系统自动执行对应的方案、计算 RFID 电子标签用户的消费额；如果 RFID 电子标签是包月用户，要判断包月时间是否到期；通过 RFID 读写器向 RFID 电子标签写入信息：用户有未写入 RFID 电子标签的充值数据、更新包月信息、用户当前的剩余金额；通信管理机通过电信宽带、GPRS 等网络通信方式，向远程的数据服务中心传送 RFID 电子标签用户的消费数据，这些消费数据包括：车辆入库时间、车辆出库时间、消费金额、写入充值是否成功、更新包月数据是否成功、停车场 ID 等，当通信管理机不能正常连接到远程的数据服务中心时，这些消费数据自动保存在本地，网络一旦正常，通信管理机将这些数据自动发送到数据服务器。当车辆驶出道闸栏杆的另一侧地面设置的感应线圈时，感应线圈的信号发送至通信管理机，则通信管理机下达自动关闭出道闸的指令，完成车辆出库工作。

3. 数据采集流程设计

数据采集运行在基于 ARM 技术的通信管理机上，采用 LINUX 操作系统，该数据采集架构设计用到了多进程技术和内存共享机制技术。为完成停车场入库、出库的 RFID 电子标签车辆数据采集、消费结算、道闸控制、显示屏以及与远程的通信服务器数据通信，其功能设计要完成通信模块、入库采集、出库采集及结算、LED 屏显示。

通信模块：该模块先要创建文件形式的共享内存，共享内存区的数据可以供其他进程使用，若因网络问题消费数据没有发送到远程的服务器，共享内存会自动保存消费数据，网络畅通时，共享内存区的消费数据会自动发送，并同时释放共享内存的空间。

停车场入库采集模块：当车辆在停车场入库时，完成 RFID 读写器获取 RFID 电子标签的数据信息，根据入库的地感线圈信号来控制入库道闸的开、关，该模块要打开通信模块创建的共享内存区，将读到的 RFID 电子标签信息及入库时间写入共享内存。停车场出库采集模块：当车辆在停车场出库时，完成 RFID 读写器获取 RFID 电子标签的数据信息，根据出库的地感线圈信号来控制出库道闸的开、关，该模块要打开通信模块创建的共享内存区，将读到的 RFID 电子标签信息及出库时间写入共享内存，同时要从共享内存读取当前 RFID 电子标签入库时间，完成停车费的结算，将结果写入内存共享区，这些数据最终通过通信模块上传给服务器。LED 显示屏：从内存区读取数据，显示停车场的出入库信息及消费结算信息。

9.3 智能停车缴费软件与数据库设计

基于物联网的智能停车缴费系统的目标是将城市的停车场建成一个网络停车场，将所有停车场的数据集中，统一存储到本系统的数据库服务器，并根据停车场的信息进行分析，为城市交通建设提供数据依据。所有功能模块都是建立在物联网的基础上的，所有的 RFID 读写器及 RFID 电子标签信息嵌入本系统，系统要求各模块工作任务独立，数据共享，在此基础上对子系统进行详细设计，包括停车场集中管理子系统、停车场运营管理子系统、RFID 用户子系统。

9.3.1 停车场集中管理子系统设计

停车场集中管理子系统的目的是使操作维护人员能管理城市所有停车场的信息，查询注册用户的相关信息，并对各停车场的包月用户情况进行统计，对停车场数据进行查询、统计和充值管理。

1. 停车场注册

完成停车场信息的建档，停车场信息：停车场 ID、名称、位置、车位数、周边描述、联系人、联系电话、创建时间、所属组织等。

对于新安装 RFID 设备的停车场，首先要建立停车场信息档案，包括读写器设备规格、型号、出厂日期等重要信息，要配置通信参数，然后对停车场管理人员的账户进行注册及权限分配，设置停车场的收费标准。

2. 停车场的价格

首先由停车场经营单位到当地物价局去申请，经物价局批准之后，系统管理员才能建立停车场的资费标准，价格不能随意修改，按国家的物价规定进行维护，价格调整系统自动记录修改日志。价格信息：停车场 ID、时间段、价格，现在停车场一般都按时间段进行收费，如停车时长小于 30min 则免费，31～120min 按 5 元收取，121～300min 按 10 元收取等。

3. 停车场消费查询

在停车场管理子系统中可以查询城市的所有停车场的消费情况。查询条件主要有停车场 ID 或停车场名称、车牌号或 RFID 电子标签、入库时间（年月日）、出库时间（年月日），这些条件按组合方式查询，查询结果明细显示为停车场

ID、停车场名称、车牌、RFID 卡 ID、入库时间、出库时间、消费金额,每页显示 10 条记录。根据查询结果,分析统计后,可以看到智能停车场的运营情况,更方便与经营单位进行结算、财务核账、计算出停车场的盈利情况。

4. 停车场包月用户查询

停车场包月用户的数据主要由停车场管理员或财务人员进行录入,包月用户可以按月、季度、年收费或全免费。包月用户相对单个的停车场而言,若到其他停车场停车,超过免费停车时长时,系统自动从 RFID 用户的账号扣费。

包月用户查询条件主要有停车场 ID 或停车场名称、车牌或 RFID 电子标签、起始时间(年月日)、结束时间(年月日),这些条件按组合方式查询,查询结果明细显示为停车场 ID、停车场名称、车牌、RFID 卡 ID、开始时间、结束时间、金额、状态。状态为包月用户在某一个停车场的状态,状态值分为正常或过期。

通过包月用户查询、统计,可看到停车场的包月收入情况,可以了解到哪些车辆是经常包月的,为停车场的工作提供准确的数据依据。

5. 第三方充值管理

基于物联网的智能停车缴费系统采用预存停车费方式,RFID 用户必须存一定的金额才可到城市的所有停车场进行消费,每一次消费由系统代扣,最后所有停车场统一结算。

第三方充值管理提供了手机钱包、网上银行、第三方支付等多种接口,做到了实时到账。网上银行主要有中国银行、建设银行、工商银行、农业银行、交通银行等。支付宝是国内网上交易最大的第三方支付平台。用户的充值历史记录可查询,明细主要有 RFID 卡 ID 号、充值金额、充值方式、充值来源。

9.3.2 停车场运营管理子系统设计

停车场运营管理子系统功能归属到某个智能停车场使用,主要是方便停车场管理者对停车场的信息查询,查询包月用户数据、每天的实时消费情况或了解停车场的基本信息,如价格区间、修改自己的登录密码等,操作员为停车场管理人员、财务人员。

1. 停车场包月用户查询

在停车场界面上输入包月用户的查询条件,主要有车牌号或 RFID 电子标签、姓名、开始时间(年月日)、结束时间(年月日),这些条件按组合方式查询,查询结果明细显示为车牌、姓名、RFID 卡 ID、开始时间、结束时间、金额、记录时间。状态为包月用户的状态,状态值分为正常或过期。记录时间为登记包月时间。

2. 停车场信息查询

查看和显示停车场的基本信息:停车场的名称、车位总数、空余车位数、状态、地址、周边描述、计费说明。车位总数和空余车位数是实时数据,空余车位数据一般会显示在停车场入库的 LED 屏上,地址、周边描述是引导 RFID 电子标签用户停车。

3. 停车场消费详单查询

查看和显示停车场的消费情况,查询条件主要有车牌或 RFID 电子标签、入库时间(年月日)、出库时间(年月日),这些条件按组合方式查询,查询结果明细显示为车牌、入库时间、出库时间、消费金额、记录时间,每页显示 10 条记录。根据记录时间可以分析停车场的高峰、谷峰时间段。

4. 停车场价格查询

停车场的价格设置由系统管理员完成,价格由本市物价局批准。停车场的价格列表显示所有时间段的价格信息。例如,1h 内价格多少,2~5h 内价格多少,以分钟为最小的计价单位。

5. 停车场添加包月用户

停车场包月用户的数据主要由停车场管理员或财务人员进行添加,包月用户必须注册为 RFID 用户,才可对包月用户数据进行维护。添加包月信息车牌、RFID 卡号、包月起始日期、包月结束日期、金额,添加成功后,将包月用户的状态自动变为正常。

9.3.3　RFID 用户子系统设计

RFID 用户子系统主要针对注册的 RFID 用户查询包月记录、消费记录、充值记求、停车场信息、资料修改而设计的。RFID 用户通过账号和密码登录至系统,查询所有历史记录。

1. RFID 用户注册

将 RFID 电子标签与车牌绑定,RFID 电子标签在发放前由系统管理员建立 RFID 电子标签库。RFID 用户注册有以下几种方式:用户通过手机短信注册,发送短信格式为"RFID + 10 位 ID 号 + 车牌号";用户通过 IVR 注册,根据语音提示完成 RFID 注册;用户通过网站进行注册,在注册的界面上输入 RFID 的 10 位 ID 号及车牌;用户通过停车场管理员进行注册。RFID 用户注册成功后,首先要将 RFID 卡激活,其次要预存停车费到 RFID 账户。

2. RFID 用户包月查询

在 RFID 用户子系统的界面上输入包月用户的查询条件,主要包括开始时间(年月日)、结束时间(年月日),查询结果明细显示为停车场名称、开始时间、结束时间、金额、记录时间。

3. RFID 用户充值查询

RFID 用户通过手机钱包、网上银行、第三方支付等多种方式为智能停车缴费系统的账户充值，系统会自动保存 RFID 用户每次的充值记录，RFID 用户按查询条件包括开始时间（年月日）、结束时间（年月日）、充值来源查看充值明细，并对金额进行统计。充值明细显示为金额、充值方式、充值来源、记录时间。

4. RFID 用户消费详单查询

查看和显示 RFID 用户的消费情况，查询条件主要有进库时间（年月日）、出库时间（年月日），查询结果明细显示为停车场名称、车牌、入库时间、出库时间、消费金额，记录时间，每页显示 10 条记录，并对查询进行统计。

5. RFID 用户停车场查询

RFID 用户在系统输入停车场模糊查询关键字，可查出所有符合条件的停车场数据，单击停车场详情，可看到停车场的信息，包括车位总数、当前的空余车位数、状态、停车场的地址、周边描述、计费说明。

9.3.4 物联网在智能停车缴费系统的应用

物联网在智能停车缴费系统中主要是针对 RFID 读写器对 RFID 电子标签的数据采集、RFID 读写器与通信管理机的数据传输、通信管理机与远程的停车场支撑平台的数据交换的应用，以通信管理机为核心，从 RFID 电子标签数据采集到停车场支撑平台系统、停车场商户系统、RFID 用户系统的数据查询都依赖通信管理机，通信管理机要完成数据采集、分析、处理、计算、传输工作，实现城市所有的停车场的 RFID 设备互联、数据共享、统一管理。

通信管理机中的入库数据采集进程，实际就是通过获得地感线圈的信号，启动 RFID 读写器识别车辆的 RFID 电子标签，来实现入库数据的采集。

设计基于 ARM 技术的通信管理机平台，需要优先考虑通信管理机能稳定运行，不出现死机、重启、内存溢出等程序异常现象，要保证所有本系统库的 RFID 电子标签正确识别，所有数据传输要具有完整性，不丢失。通信管理机与服务器要考虑有线和无线连接两种方案，实现双通道连接，当双通道连接不上服务器时，通信管理机应将数据保存在本地，待通信恢复后，自动将数据送达服务器。通信管理机临时存储要考虑电子盘的容量，或者增加扩展存储空间，保证系统安全运行。通信管理机采用先进先出方式处理入库和出库的 RFID 电子标签数据，RFID 用户出库后，通信管理机平台把数据传送到通信服务器，由通信服务器将数据交给数据库服务器保存，同时通信管理机平台要自动释放该用户占用的所有资源。这样既保证了数据的完整性、实时性，又节约了资源，加强事务实时调度，从而形成了通信管理机平台。

第四篇
案 例 篇

第10章
无锡物联网产业研究院设计案例

10.1 背景

随着社会经济的持续发展和产业调整,大批人口将向城市转移,城市人口将不断增加。同时,经济活动日趋频繁,商业活动将更加活跃,机动车的数量和使用频率也将大大增加,对中心城市的交通带来沉重的压力;交通"停车难"日益成为制约我国大中城市经济发展的"瓶颈"。同时,传统停车场管理效率和安全性大大滞后于社会的需要,给人们的生活带来了极大的不便。尤其,随着智能大厦和智能小区等智能建筑的不断发展,与之配套的停车场管理系统应运而生。

与国外智能化停车场系统日新月异的使用情形相比,国内对于智能化停车场的使用,特别是对基于先进的无线传感网技术的智能化停车场系统的使用,还处于一片空白。而基于物联网的智能化停车场系统,可利用传感器节点的感知能力来监控和管理每个停车位,提供特殊的引导服务,实现停车场的车位管理和车位发布等功能,彻底改变智能化停车场的发展方向,同时依托移动 M2M 平台与 3G 网络覆盖的优势,使城域级综合停车管理成为现实,填补了基于物联网技术的智能化停车场这一领域的空白,必将引领一场停车场智能化的新革命。

10.2 设计概述

10.2.1 需求分析

现阶段国内的停车场可以分为封闭式停车场和开放式停车场两大类,封闭式停车场又包括室内停车场和室外停车场,其特点是有明确的出入口,如建筑物内的地下停车场;开放式停车场的特点是没有明确的出入口,如道路两侧的停车位、建筑物周围的区域等。

封闭式停车场由于其封闭性及易管理性被大量使用，但是由于缺乏良好的信息管理、发布的手段，造成许多停车场的使用率并不理想。同时，由于缺少准确的信息指引，许多驾驶员在寻找车位时常常要花费很长的时间，如上海港汇广场的停车场，有停车位置将近 1 200 个，偶尔停车的车主经常因为不清楚车场的位置以及车位信息，而花上半个多小时来寻找能够停放车辆的车位。

开放式停车场由于其不需要重新进行规划建设，同时充分利用空余的道路资源而具有一定的优势，但由于道路两侧的停车位无法安装门禁系统，并且现场通信和供电条件较差，目前多采用人工方式进行收费管理。人工管理方式存在很多弊端，由于收费人员素质不同，因此产生了大量的票款流失的现象，据有关部门的保守统计，开放式停车场的票款流失率在 20% ~ 40%，从而给国家和单位造成了较大的损失。另外，在停车位资源十分有限的情况下，采用人工的管理方式，很难做到使有限的车位资源被充分地利用。

无锡物联网产业研究院在吸收消化国内外先进技术的情况下，结合中国城市特点，以传感器网络为支撑，成功研发了应用于多种环境下的物联网智能停车管理系统。该系统能够实时提供停车场车位状态信息、道路车位使用信息，引导驾驶员查找空车位，为其节省时间，减少因缺乏停车信息而引起的车位难找的情况。大大缓解了城市交通拥堵状况，减少了道路占用，降低了车辆尾气排放和噪声，提高了停车场的车位使用效率。同时，采用集约化、系统化的车位管理、收费管理，也可有效改变停车场收费管理混乱的状况。

10.2.2　设计原则

1. 先进性原则

将先进的无线传感与停车管理，信息发布技术、方法和手段，综合应用到系统中。同时要兼顾结构、设备、工具的相对成熟。不但要能反映当今的先进水平，而且要具有发展潜力。在软件设计规范方面，严格遵守最新的国际标准、国家标准和行业标准。支持标准的应用开发平台，可以方便地与其他相关系统连接和通信。

2. 实用性原则

系统建设、产品选型具有很强的实用性，既要考虑先进性又要考虑实用性，应始终贯彻面向应用、注重实效的方针，坚持实用、经济的原则。

3. 可持续性原则

系统设计、建设除了考虑先进、实用，还应考虑系统的可持续性发展，系统接口具有可持续发展的能力。

4. 开放性和标准性原则

为了满足系统所选用的技术和设备的协同运行能力、系统投资的长期效应以及系统功能不断扩展的需求，必须要求系统具备开放性和标准性。全部系统都必须按照开放性和标准性原则设计和提供全套的技术资料及全面的技术培训。

5. 可靠性和稳定性原则

在考虑技术先进性和开放性的同时，还应从系统结构、技术措施、设备性能、系统管理、厂商技术支持及维修能力等方面着手，确保系统运行的可靠性和稳定性，达到最大的平均无故障时间（MTBF）。

6. 扩展性和易维护性

可扩展性的基础是开放性、标准性和技术的可持续性，应该采用先进的技术和方法保证可扩展性，包括采用先进的软件工程理论、系统论，以及分层和代理的方法等来保证扩展性。

系统的软硬件的升级换代、系统使用中的易损件及耗材的更换，须方便操作，易于掌握。对部分系统的常用数据，具有自动导入功能，以便节约时间，把操作使用人员从重复劳动中解放出来。

7. 功能完善与资源整合相结合

既要充分了解停车场管理部门的业务需求，并在其基础上进行整修升级建设，从而保证总体功能完善，又要尽量考虑原有设备的合理利用。

8. 协调顺畅性、简单易用性原则

系统中心管理人员不可能完全掌握系统相关的专业技术，因此，各子系统应有机结合，协调工作；系统要流程正确、顺畅、人机界面清晰、操作简单明快。

9. 保护建设方投资及效益

具有异构软硬件适应性。项目的建设应保护业主方已有投资，保证系统建设效益。系统建设的经济性也是项目建设的重要方面，系统建设的效益性应从充分集成应用业主方已有资源和合理规划新系统两个方面得到保证。

10. 确保新旧系统平滑过渡

新系统的建设应保证与旧系统的平滑过渡，不应造成对用户服务的中断。保证现有数据库数据的转移及有效利用。

10.2.3 设计依据

（1）业主要求；
（2）《智能建筑设计标准》GB 50314—2015；
（3）《民用建筑电气设计规范》JBJ/T 16—1992；
（4）《电气装置安装工程施工及验收规范》GBJ 232—1992；
（5）《数据中心设计规范》GB 50174—2017；
（6）《电子计算机机房施工及验收规范》SJ/T 30003—93；
（7）《安全防范工程技术规范》GB 50348—2004；

(8)《测量、控制和实验室用电气设备的安全要求》GB 4793—2001；
(9)《信息技术设备的安全》GB 4943—2001；
(10)《邮电通信网光纤数据传输系统工程施工及验收暂行技术规范》；
(11)《通信系统机房设计》GBKJ—90；
(12)《综合布线系统工程设计规范》GB 50311—2016；
(13)《综合布线系统工程验收规范》GB/T 50312—2016。

10.3　系统设计

10.3.1　系统原理

智能停车场管理系统（Intelligent Parking Management System，IPMS）作为智能交通系统的重要组成部分，是 ITS 在停车领域的应用。以准确、实时的车位检测为基础，以可变、多级信息发布屏为载体，向出行者提供停车场（库）的具体位置、当前车位实时数据等信息，指引驾驶员合理停车，同时通过动态信息标志把停车场车位和容量的分散信息聚合而成的实时信息数据进行分析，辅助管理部门进行管理决策。

智能停车场系统通过采集停车场、路面临时停车位的车位信息，实时更新；并依靠自组网络将更新数据发送至信息处理中心，信息处理端对收集到的停车信息进行处理、统计、分析等，并在城市级停车场系统中引进 GIS 技术，通过电子地图实景街道、停车场以及其他地理信息的数据编辑和查询，实现图形化的交通数据的分层管理。

10.3.2　系统功能

(1) 准确检测车位；
(2) 无线数据传输；
(3) 实时车位状态更新；
(4) 停车场空余车位实时发布；
(5) 停车入位引导；
(6) 区域停车诱导；
(7) 停车位预订；
(8) 停车位查询；
(9) 停车信息发布（网站发布、短信提醒、车载终端提醒）；

（10）停车计费管理；
（11）城际停车场联网管理；
（12）车位使用记录统计；
（13）设备故障、告警管理。

10.3.3 系统组成

系统由五级设备体系构成，分为前端检测子系统、传输子系统、控制子系统、信息发布子系统和管理子系统。

在车位上安装车位检测器，车位检测器是由电池供电的，不需要任何连线，通过无线方式进行数据传输。当车辆在某个车位上停放 3s 以上时，车位检测器发送车位占用信息给路由节点/中继节点，路由节点/中继节点将车位占用信息发送到网关节点，可以实时通过 LED 显示车位空余信息，同时向管理平台提供数据，供管理平台进行车位安排管理及引导提醒。

系统示意如图 10-1 所示。

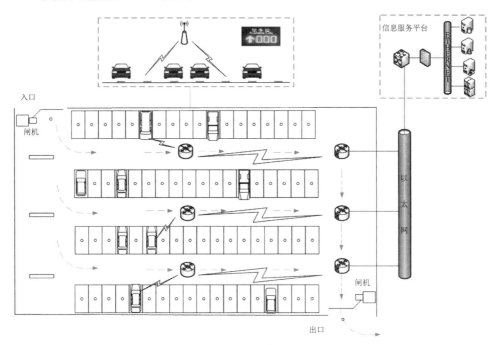

图 10-1 系统示意图

1. 检测子系统

前端检测子系统包括车位检测节点和车辆检测节点，如图 10-2 所示。

车位检测节点埋设在车位地面正中，完成是否有车在该车位上停放的判断，当判断出无车辆停放时，检测节点通过无线的方式向中心发送车位空闲信息，当判断出有车辆停放时则发送车位占用信息；车辆检测节点布设于停车场出入口处，用于感知车辆通过信息，并通知网关系统自动控制闸机的开启与闭合，同时具备流量统计功能，用于对进出停车场的车辆数进行统计与周期性上报。

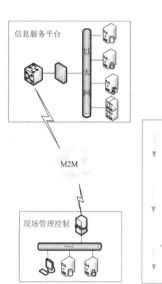
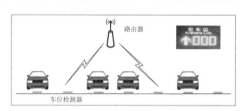
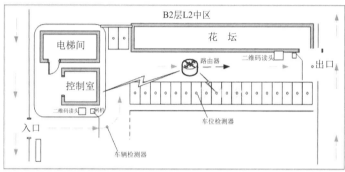

图 10-2　检测子系统

2. 传输子系统

传输子系统由路由节点和中继节点组成，如图 10-3 所示。

路由节点按设计需求布设，采用 MESH 结构完成对于前端检测节点发送的无线检测信号的接收和与网关节点之间的通信，将检测到的车位信息发送至网关节点进行处理，路由节点之间的通信以及路由节点与网关节点之间的通信采用无线或有线的方式进行。

中继节点完成对无线无缝覆盖的补充，针对某些楼面车位的独立位置，需要中继节点完成前端检测节点无线信号的接收功能，然后将信号送路由节点进行传输。

3. 控制子系统

控制子系统由网关节点组成。

网关节点完成与传输节点、管理平台的连接功能，用于传输节点的数据汇集。网关节点同步控制出入口闸机、二维码读头、车辆检测器等，完成车辆进出停车场的识别与现场设备的控制，同时完成 LED 引导屏的信息发布功能。提供 USB、网口、串口等常用设备接口，支持与其他系统，如车位预订系统、停车场管理系统等的集成。

4. 信息发布子系统

信息发布子系统由多级可变诱导屏、区域停车入位引导屏、触摸式查询终端

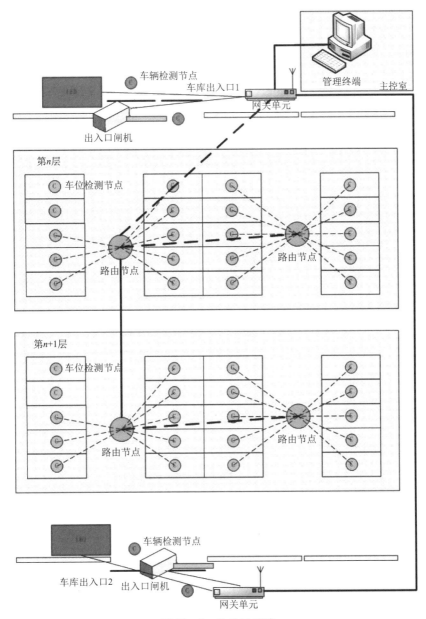

图 10-3　传输子系统

和公共发布网站组成。完成对区域内车位状态信息的实时更新发布、区域显示停车入位信息、车位预订查询及反向寻车等功能。

信息服务平台系统通过对前端所有采集到的基础数据信息进行融合汇总后，根据不同发布的需要进行数据显示分发。多级可变诱导屏布设于进入区域的主干道路上，实时更新显示区域内剩余车位数量，供驾驶员进行停车选择；区域停车入位引导屏布设于停车场内进入固定分区的道路上，为驾驶员进行区域停车入位进行指引。

5. 管理子系统

管理子系统由服务器、现场后台管理软件、停车信息服务平台软件组成,如图 10-4 所示。

现场后台管理系统软件采用 C/S 架构,完成对停车场车位的管理功能,包括楼面空余车位显示(二维平面图)、空余车位统计、车位占用统计、空位车位信息发布、周期时间车位使用状况统计等功能,实时告知现场物业管理人员现阶段停车场内的车位使用、预订、剩余情况。

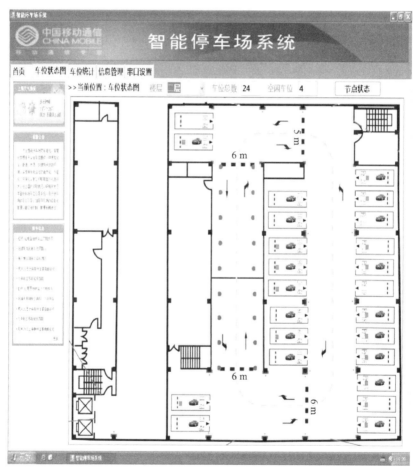

图 10-4 管理子系统

停车信息服务平台软件采用 B/S 架构,与多个停车场现场后台管理软件实现同步管理,同时通过 M2M 平台,完成对多停车场现场设备的状态监管。停车信息服务平台软件连接二维码平台、手机短信支付平台,完成车位预订时终端用户的身份确认、停车使用周期完成的计费管理等功能,如图 10-5 所示。

图 10-5　停车信息服务平台软件

10.4　主要设备

10.4.1　车位检测

地磁感应车位检测器是一种利用数字式磁敏传感器触发车位检测、红外进行确认的无线传感器网络装置。其可准确地感应车位上是否有车辆停放，并将采集到的车位信息发送至配套的接收传输单元，为智能车位诱导系统提供前端基础数据，如图 10-6 所示。

技术参数：

工作环境：-20℃~85℃；

防护等级：IP65；

供电方式：3.6 V 锂-亚硫酰氯电池，10 AH；

功耗：睡眠模式工作电流 10 uA，最大工作电流 30 mA；

工作时间：6 年以上（按每车位平均每天停放 24 车次计）；

检测车种类：卡车、客车、轿车等常见车型；

车位检测准确度：不低于 99.99%；

射频工作频段：470~478 MHz 频段；

射频发送功率：最大 13 dBm；

接收灵敏度：-114 dBm（9.6 kbps）；

射频传输距离：通视大于 300 m。

图 10-6　车位检测

10.4.2　自治组网

1. 路由节点

路由节点接收来自车位检测器上报的实时车位状态信息，以 MESH 的方式将数据汇总发送至管理平台。

技术参数：

工作环境：-20℃~85℃；

防护等级：无；

供电方式：直流 3.7~10 V 电压供电，推荐 5 V 供电；

功耗：工作电流最大 200 mA；

射频工作频段：470~478 MHz 频段；

射频发送功率：最大 13 dBm；

接收灵敏度：-114 dBm（9.6 kbps）；

射频传输距离：通视大于 300 m；

输出接口：RS232 或 RS485。

2. 中继节点

中继节点与路由节点配对使用，为路由节点的无线覆盖提供扩充，加大检测车位的数据通信范围。

技术参数：

工作环境：-20℃~85℃；

防护等级：无；

供电方式：直流 3.7~10 V 电压供电，推荐 5 V 供电；

功耗：工作电流最大 200 mA；

射频工作频段：470~478 MHz 频段；

射频发送功率：最大 13 dBm；

接收灵敏度：-114 dBm（9.6 kbps）；

射频传输距离：通视大于 300 m；

输出接口：RS232 或 RS485。

10.4.3　现场控制

网关产品是智能停车诱导系统的主控单元，它管理车位检测器、接收传输产品等现场设备，并同时提供与操作维护管理平台的接口。

技术参数：

工作环境：-20℃~85℃；

防护等级：无；

供电方式：直流 5 V 供电；

功耗：5 W；

射频工作频段：470~478 MHz 频段；

射频发送功率：最大 13 dBm；

接收灵敏度：-114 dBm（9.6 kbps）；

射频传输距离：通视大于 300 m；

输出接口：RS232、RS485、网口。

第 11 章
厦门科拓通讯技术股份有限公司设计案例

11.1 背景

2010 年，宁波市政府在国内首提建设"智慧城市"，拉开了中国"智慧城市"建设的序幕。随后，南京、深圳、广州、武汉、北京、上海等城市陆续推出相关规划或行动方案。智慧城市是新一代信息技术支撑、知识社会创新 2.0 环境下的城市形态，智慧城市通过物联网、云计算等新一代信息技术实现全面智能的感知，宽带泛在的互联，智能融合的应用以及以用户创新、开放创新、大众创新、协同创新为特征的可持续创新。伴随网络帝国的崛起、移动技术的融合发展以及创新的民主化进程，知识社会环境下的智慧城市是继数字城市之后信息化城市发展的高级形态。智慧城市包含了智能楼宇、智能家居、路网监控、智慧停车场等诸多领域。

科拓提出的智慧停车场综合方案，从智慧城市的最基层组成部分——智慧停车场入手，通过提供便民的停车场智能化综合服务，创新停车场综合管理手段；从基层做起，对构建智能化的社会管理体系具有重要的推动作用。随着《物联网"十二五"发展规划》（后简称《规划》）的出台，预示着政府对于物联网前景的看重，也汇聚了市场越来越多的目光。智慧停车场建成后，将改变传统停车场的工作模式，创新停车场管理体系，提高便民惠民的服务水平和车场的安全水平，提高车主的满意度，促进车场与车主双赢的局势。

11.2 智慧停车场设计原则

随着科技进步和中国经济的高速发展，人民的生活水平不断提高，城市汽车保有量也增长迅猛，于是出现了车位少、"停车难"以及"找车难"等社会问题。因此如何利用先进的科学技术来创建具有先进水平的现代化的智能停车管理以顺应时代发展的要求已成为十分紧迫的问题。在当前的车场管理中存在以下问题。

（1）传统的停车场收费模式大多采用近距离读卡方式，必须停车刷卡通行，使用非常不方便，需要摇下车窗伸出手刷卡，有的还需要下车刷卡。下雨天容易被淋湿，上下坡道停车刷卡容易造成溜车、碰撞等事故。

（2）停车刷卡更有通行速度慢的缺点，尤其是在进出高峰容易造成拥堵。

（3）在传统停车场管理中，场内到底还有多少停车位可以使用，管理者一无所知，只能靠人工去察看。且须配备大量的专职场内管理人员，依靠人工去引导车辆停放，影响停车场形象，增加管理成本。

（4）如果停车场没有配备专职引导管理员，停车者入场后无法迅速地进入停车位置停放车辆，只能在场内无序流动中人工寻找空余车位，不但占用场内出入主车道资源，甚至造成场内交通拥堵。

（5）在大型停车场内，车主在返回停车场时往往由于停车场空间大，环境及标志物类似、方向不易辨别等原因，容易在停车场内迷失方向，寻找不到自己的车辆。

一个好的停车场必须具备先进的技术、现代化的硬件设施，以保证车辆进出快捷、方便、顺畅、有序、停车安全、防盗；同时，还需要优秀的收费系统以保证管理方便，保证收费的公开、公正、合理，费用不流失，真正实现人性化、智能化、自动化的管理。

为了提高停车场的信息化、智能化管理水平，给车主提供一个更加安全、舒适、方便、快捷和开放的环境，实现停车场运行的高效化、节能化、环保化，科拓吸取国外先进技术，结合国内实际情况，推出了智慧停车场综合解决方案。方案由两大部分组成，分别是："视频免取卡收费系统"及"停车场找车机"，依靠系统本身的强大功能及在车牌识别方面的优势互补，实现了车辆快速进场、快速停车，车主返回车场时快速找车、快速缴费等全自动化智能停车场管理应用。

视频免取卡收费系统改变了往昔由人工管理或者刷卡/取票管理带来的停车效率低、服务差、人为乱收费和拒缴停车费等诸多问题。系统是以一套完善的基于车牌及车型识别的收费系统作为车辆出入停车场的凭证，通过出入口识别车牌号及车型、车辆颜色来判断车辆进出场的权限并判断车辆的停放时间及所需缴纳的停车费。其既可以应用于小型的一进一出停车场系统，也可以应用于大型的多进多出停车场系统。

停车场找车机通过视频图像拍摄及处理技术，实现了通过输入车牌，显示车主及车辆所处的位置，帮助顾客尽快找到车辆停放的区域。系统结合了车位引导功能，可以自动引导车辆快速进入空车位，降低管理人员成本，消除寻找车位的烦恼，提高车主对停车场乃至其所属物业公司的满意度；加快停车场的车辆周转，提高停车场的使用率和经济效益；提升停车场管理水平，提高停车场所属物业公司的对外形象。

11.3 智慧停车场功能

11.3.1 进出车辆管理

采用停车场出入口的车牌识别软件进行车辆入场时间统计、出场费用结算；对于入场"无法识别车牌"车辆采用停车场找车机系统来对车辆的停放时间及停车费用进行结算，如图 11-1 所示。

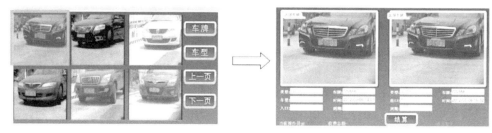

图 11-1 车辆入场、出场

11.3.2 特殊车辆管理

对于某些因"无牌"或"车牌受损"等原因导致无法识别车牌号的车辆，通过车型、颜色识别后将照片归入"待选"名单，出场时人工比对照片进行收费；系统对无法识别的车辆进行人工车牌信息修改，出场时利用模糊查询匹配；车辆入场、出场进行车辆整体高清拍照，以备查询使用。

11.3.3 停车场云平台接口服务

停车场云平台是统一充值/收费、资源共享的云停车平台，平台具有集中式的车牌号纠正功能，停车场的摄相机将不确定的车牌图片发送到停车场云平台的纠正系统，可以人工对照图片对车牌号进行纠正处理，彻底解决车辆号牌识别不准确问题，为停车场的综合管理及规划提供更有力的保障，使视频识别准确率达到 99%。

11.3.4 车辆自动定位功能

当车辆停泊到车位时，视频车位检测终端会主动检测车辆信息，并传输到多路视频处理器中进行数据处理，处理后的车牌号数据及车辆所停放的位置信息会被储存到服务器中。车主可以通过输入车牌号查找到车辆所停泊的位置。

11.3.5 寻车功能

当车主通过安装在车场入口处的寻车查询终端设备输入自己汽车的车牌号时，触摸屏会显示车主当前所在的停车场地图，并在地图上标明车主所处位置和其车辆所停放的位置，并根据停车场总体路线情况选择一条最佳取车路线显示在该停车场地图上，从而引导车主取车，如图 11-2 所示。

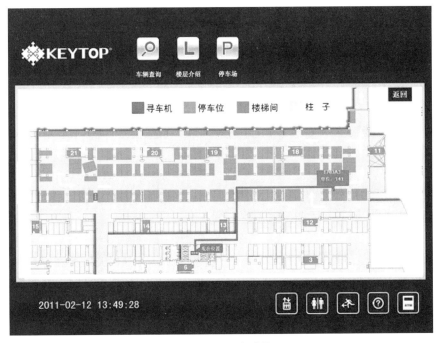

图 11-2 寻车功能

11.3.6 车位自动引导功能

车辆入场后，车位引导系统通过视频车位检测终端，自动检测车位占用或空闲的状态，并将检测到的车位状况变化实时送至车位引导屏显示，车位引导屏指引车辆找到最佳的空闲停车位置，引导车主快速地找到满意的空车位。每个车位还装有车位指示灯，车位被占用指示灯显示红色，空余车位显示绿色，残障人士专用车位用蓝灯表示，VIP 或者预订车位用橙色灯表示，如图 11 – 3 所示。

图 11 – 3　车位自动引导

11.3.7　车位管理功能

系统可对车位进行实时控制管理，管理人员可以查看相关情况，停车后，可以进行停车时间监测，如图 11 – 4 所示。车辆停入车位后开始计时，在控制室可随时了解各车位的停车时间。

11.3.8　报表功能

系统可以根据要求，进行各种统计，自动生成相关报表；能够统计停车场每天和每月的使用率、分时段使用率等，并且可以实现报表的 Excel 格式导入、导出功能，方便管理人员工作。

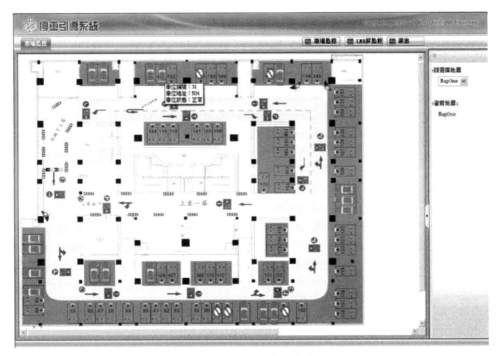

图 11 - 4　车位管理功能

11.3.9　系统自检功能

引导系统可定时进行自检，发生故障后自动报警，便于及时进行维护。

11.3.10　LED 显示屏功能

采用 LED 显示屏，可用中文显示欢迎词语、空车位数量、车位已满等停车场相关信息。

11.4　应用流程

11.4.1　免取卡收费

1. 通过出入口视频车牌识别进行收费

车辆到达入口，地感线圈检测到信号后，触发车辆识别摄像机进行拍照，视频车牌识别软件自动识别车牌号码，并显示在 LED 屏上，对于无法识别车牌的车辆进行车型、颜色识别，并归入"待选"列表保存在软件中。道闸自动升起，司机开车入场，进场后道闸自动关闭。这时，收费管理系统中该车辆的停车计时开始。

当车辆到达出口时，地感线圈检测到信号后，触发车辆识别摄像机进行拍照，视频识别软件自动识别车牌号码，停车场收费管理系统自动结算缴费金额；对于无法识别车牌的车辆，则人工通过当前车辆与待选列表车辆进行匹配，配对成功后系统将自动结算该车辆的缴费金额，如图 11-5 所示。

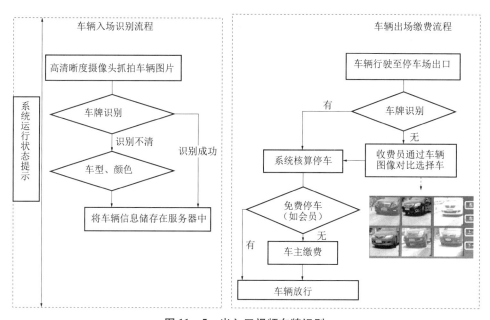

图 11-5　出入口视频车牌识别

2. 通过停车场找车机进行收费

对于在出入口无法识别车牌的车辆，除了归入"待选"列表外，还可以通过停车场找车机来实现对车辆停放时间的统计。停车场找车机是在每个车位上安装一个视频车位检测终端，视频车位检测终端会不断抓拍当前的车位图片并上传到上级处理器进行识别。有车停放时，上级处理器会识别出车辆的车牌号及车辆的开始停放时间；当车辆离开车位时，系统会检测到车辆离开并获得车辆在车场的停放时间，从而作为对出入口视频车牌识别的有力补充。

11.4.2　停车场车位引导

停车场车位引导示意如图 11-6 所示。

车主驾车进入停车场前，可以通过安装在停车场总入口处的"户外车位引导屏"上空车位的显示，了解停车场各层当前的空车位数

车辆进入停车场后，位于车位内部各个分岔路口的上方，安装有"室内车位引导屏"，显示该分岔路口所通往的各个方向当前空车位数

每个车位正上方安装有"车位指示灯"，指示灯为绿色时表示该车位为空车位，当车主将车辆停放到该空车位时，指示灯会由绿色变成红色，表示车位上已经有车辆停放

车辆停放完毕后，户外及室内的车位引导屏会自动将当前位置的空车位数扣减掉1

图 11-6　停车场车位引导示意

11.4.3 返回停车场找车

返回停车场找车示意如图 11-7 所示。

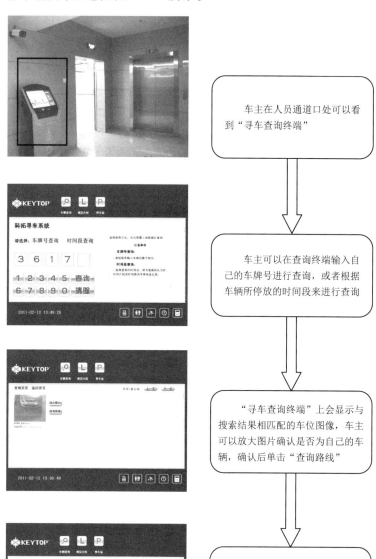

图 11-7 返回停车场找车示意

11.5　系统方案及功能原理

11.5.1　系统方案

1. 停车场出入口（收费系统）

根据项目实际情况并结合我公司多年的设计施工经验，该项目出入口总体设计为____进____出。

入口处主要由两台集成补光灯的卡口专用高速摄像机、1 个免取卡收费控制器、1 台双路车牌识别仪、3 个数字车辆检测器、1 台高速道闸、3 个地感线圈、1 台状态显示仪构成。

出口处主要由两台集成补光灯的卡口专用高速摄像机、1 个免取卡收费控制器、1 台双路车牌识别仪、3 个数字车辆检测器、1 台高速道闸、3 个地感线圈、1 个收费显示屏、1 台收费电脑构成。

通过出入口的数据采集、上传和调用、处理等系列动作，实现通过出入口管理收费功能。

入场说明：

（1）车辆驶入车辆识别摄像机抓拍区域，触发地感线圈。

（2）车牌识别系统自动抓拍车辆的图像，处理识别出车牌号及车型并上传。

（3）闸机放行，同时记下车辆进入时间。车辆越过进口，驶入停车场内。

（4）整个过程自动完成，无须工作人员干预。车辆一直处于行驶状态，无须停车，快速入场。同时，系统的状态显示仪提示系统在整个过程中是否运行正常。

出场说明：

（1）车辆驶到出口处的摄像机抓拍区域，触发地感线圈。

（2）摄像机自动抓拍车辆的图像，识别出车牌号及车型并上传，然后通过检索数据库得出车辆信息。

（3）显示屏显示该车的有效期（贵宾车或月租车）、车辆停放时间、收费金额（临时车）及"祝您一路顺风"等提示语。

（4）语音播放应缴金额及"祝您一路顺风"等提示语。

（5）出口管理工作站调出该车入场时的抓拍图像、入场时间等信息。如果该车属固定车辆情况，那么闸机自动启杆放行。如果是临时停车，则车辆须停车缴费才能离开。

（6）车辆越过进出口，驶出离开停车场，系统记下车辆离开时间。

2. 停车场内部（车位引导及返回停车场找车）

本项目中，地下停车场____层共有停车位____个，每个车位的正前上方安装

1个视频车位检测终端（可对正对的这个空间的车位进行实时探测）；需要对车位分片区，由多路视频处理器进行控制，而每个多路视频处理器可接 12 个视频车位检测终端，因此本项目中根据实际情况、实际需要进行多路视频处理器的配置；另外一个网络交换机连接 16 个多路视频处理器，可根据实际需要进行网络交换机的配置。另外，每个停车场的人员出入口处均需要安装 1 台寻车查询终端，供车主进行车辆停放信息的查询。系统还需要配备一个服务器。

系统中车位引导显示屏安装在车场内部岔路口处，数量由我方工程师根据现场情况，本着成本最小化、功能最大化的原则，在驾驶员可能会出现方向疑问的地点进行合理布置，让客户获得最满意、最超值的服务。

场内引导说明：

（1）车辆驶入停车场，根据车场内部车位引导屏的提示，选择合适的停车区域。再通过每个车位前方的车位指示灯颜色显示，选择指示灯为绿色的空车位进行停放。

（2）每个车位前方的视频车位检测终端会将抓拍到的车位图片信息上传到多路视频处理器进行车位状态及车牌号识别。

（3）多路视频处理器识别车位状态为有车后，会控制车位指示灯转变为红色以便告知后面的车主该车位已被占用；并将车位状态信息、车牌号及车位图片通过网络交换机上传到服务器。

（4）服务器储存车牌号及车位图片，并根据车位状态信息统计出车场的空车位数并发送到各级车位引导屏显示。

场内反向寻车说明：

（1）车主返回停车场，在停车场内部的人员出入口处（电梯口）所安装的"寻车查询终端"进行反向寻车。

（2）车主通过在"寻车查询终端"的触摸屏上输入车牌号或者根据车辆所停放的时间段获得车辆所停放的位置信息及取车路线。

（3）车主驾车离开停车位，视频车位检测终端会将抓拍到的车位图片信息上传到多路视频处理器进行车位状态检测，检测到车位为空车位，指示灯转变为绿色，并将车位状态信息通过网络交换机上传到服务器。

（4）服务器根据车位状态信息统计出车场的空车位数并发送到各级车位引导屏显示。

11.5.2 功能原理

1. 视频免取卡收费系统

车辆到达入口，地感线圈检测到信号后，触发车辆识别摄像机进行拍照，视频车牌识别软件自动识别车牌号，并显示在 LED 显示屏上，对于无法识别车牌的车辆进行车型、颜色识别,并归入"待选"列表保存在软件中。道闸自动升起,驾驶员开车入场,进场后道闸自动关闭。这时,收费管理系统中该车辆的停车计时开始。视频免取卡收费系统结构图如图 11-8 所示。

当车辆到达出口时,出口智能车辆检测器感应到地感线圈检测到信号后,触发车辆识别摄像机进入拍照,视频识别软件自动识别车牌号,停车场收费管理系统自动结算缴费金额;对于无法识别车牌号的车辆,则人工通过当前车辆与待选列表车辆进行匹配,配对成功后系统将自动结算该车辆的缴费金额。

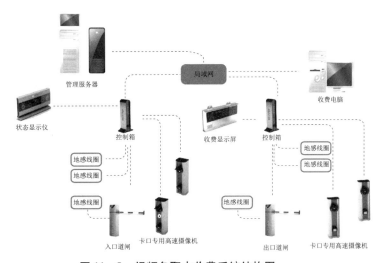

图 11-8 视频免取卡收费系统结构图

2. 停车场找车机系统

科拓停车场找车机是通过在车场的每个停车位上前方安装视频车位检测终端,对停车位的图像信息实时抓拍,视频车位检测终端将抓拍到的车位图像信息通过网线传输给多路视频处理器进行车位状态处理及车牌号识别,再通过网络交换机把车位状态及识别的车牌号信息、有停车车位的汽车图像信息、汽车停车时间、汽车停放位置信息与服务器进行通信,并最终把这些信息传输给服务器的数据库中进行统一管理。

服务器在接收到多路视频处理器发送的车位状态后,会进行数据处理,并将空车位数更新数据通过网络交换器发送给车位引导屏,更新指令给多路视频处理器,由多路视频处理器控制车位引导屏进行显示,从而实现车位引导功能。

当车主通过安装在车场入口处的"寻车查询终端"输入自己汽车的车牌号时,触摸屏接收指令后会调取服务器的数据,并在屏幕上显示车主当前所在的停车场地图,地图上会标明车主所处位置和其车辆所停放的位置,并根据停车场总体路线情况选择一条最佳取车路线显示在该停车场地图上,从而引导车主取车。停车场找车机系统功能管理图如图 11-9 所示。

物联网技术在城市智慧停车中的应用研究

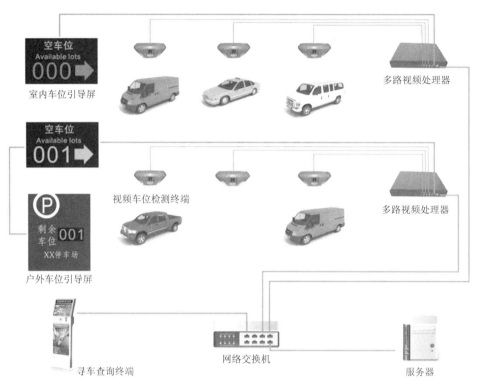

图 11-9 停车场找车机系统功能管理图

第 12 章
苏州易寻传感网络科技有限公司设计案例

12.1 方案实施背景与意义

12.1.1 方案背景

随着人们生活水平的提高,有车一族越来越多。以苏州为例,据不完全统计,截至 2012 年 1 月,苏州市的机动车保有量已达到 223 万辆,日均上牌 1 000 辆左右,年增长率达 10%。数量如此庞大的有车族队伍除了车辆保养外,停车已经成为他们每天都要考虑的问题,如何停车,在哪里停车比较安全和方便,停车场是否有高科技手段的监控,都是车主们考虑的重点。

因此,停车场管理方选择了各种停车场管理系统来完善停车场的管理流程,目前传统收费型停车场面临的一系列问题如下:

(1) 管理员手工登记停车车辆信息时间较长,造成停车场门口车辆拥堵;

(2) 一卡通读卡较慢且需要停下车辆进行近距离刷卡辨认,对于长期固定停放车辆的车主来说很不方便;

(3) 管理方在停车场运营方面,收费手段单一,经济效益增长不明显;

(4) 管理人员较多,人工成本高;

(5) 由于没有针对单个车辆进行拍摄,故无法判断是否是主人开出,易发生车辆被盗事件。

12.1.2 实施意义

随着汽车保有量的增加,为了更好地管理停车场车辆,约 60% 的老停车场和 90% 的新建停车场选择安装停车场管理系统,事实证明,安装了停车场管理系统的停车场,管理秩序井井有条,安全隐患降低。

苏州易寻传感网络科技有限公司所提供的智能停车场管理系统,在目前已有的高科技门禁系统的基础上，增加了智能远距离读卡技术，采用先进的物联网技术，实现了车辆不停车进出，保证车辆快速、便捷进出停车场。

（1）优化了停车场管理流程，提高了服务质量；
（2）自助式不停车收费，智能自动化，方便快捷；
（3）丰富了管理方的运营手段，提高了运营收入；
（4）节省了管理方人力成本，同时提高了效率；
（5）与摄像头联动提高了停车安全性。

12.2　方案设计

12.2.1　总体设计

苏州易寻传感网络科技有限公司严格本着科学性、先进性、可靠稳定性及经济性的原则，在对设计图样和工程实地经过缜密研究的前提下，考虑了优质器材选择和性能价格比等诸多因素后，充分接纳工程顾问方的建议，并结合多年工程经验设计出这套方案，以供参考。

根据停车场的实际情况，为整个停车场的管理系统选用 1 套感应式 ID 卡电脑收费系统。采用感应式 ID 卡控制 X 个停车场入口和 X 个停车场出口，实行出口电脑监控和收费，使停车场管理建成方便、安全、高效的控制体系。

本系统引进 2.4G RFID 远距离无线识别技术，利用 RFID 微波频段，通过无线方式将智能卡的微波信号发送给远距离读卡设备，实现进出口分别控制读取，读卡设备将信息和数据处理后上传给主控制板系统，后台管理系统将智能卡信息与车辆信息相对照，数据传输快速，从而实现不停车快速通过停车场出入口。

为了防止不法分子偷停车卡后再入停车场偷车的情况发生，苏州易寻传感网络科技有限公司采用图像捕捉卡将入口处摄取的车辆图像存入计算机图像数据库；当车辆出场时，计算机自动调出此入口图像与出场车辆进行人工识别，确认为同一卡号、同一车辆时放行；异者则报警。

1. 出入口流程设计

1）入口流程设计

入口部分主要由入口发卡机、电动栏杆、入口显示屏、智能远距离读卡器、车辆检测设备、对讲机、彩色摄像机组成。

临时车进入停车场时，设在车道下的车辆检测线圈检测到车，入口处的发卡机面板显示屏则灯光提示驾驶员按键取卡。驾驶员按键，发卡机内发卡器即发送一张 ID 卡，经输卡机芯传送至出卡口，并完成读卡过程。同时启动入口摄像机，摄录一幅该车辆图像，并依据相应卡号，存入出口收费处的计算机图像数据库。驾驶员取卡后，电动栏杆起栏放行车辆，车辆通过车辆检测线圈后自动放下栏杆。

月卡或年卡车辆进入停车场时，直接进入，无须刷卡，当智能远距离读卡器检测到车内的月租卡信号时，道闸直接抬杆，摄像机自动拍摄并上传图片。

2）出口设计流程

出口部分主要由出口读卡机、电动栏杆、收费显示屏、车辆检测设备、智能远距离读卡器、对讲机、高清摄像机组成。

临时车驶出停车场时，在出口处，司机将停车场 ID 卡交给收费员，出口处电脑根据 ID 卡记录信息自动调出入口图像，系统自动对比，自动计算出费用，并通过收费显示屏显示，提示驾驶员交费。收费员收费及图像对比确认无误后，按确认键，电动栏杆升起。车辆通过地感线圈后，电动栏杆自动落下，同时收费电脑将该车信息记录到交费数据库内。

月卡或年卡车辆驶出停车场时，远距离读卡器读取月租卡信息，若租卡有效，则电动栏杆起栏放行车辆，车辆通过地感线圈后，栏杆自动落下；若无效，则发出报警信号，不允放行。

3）系统特点

系统采用苏州易寻传感网络科技有限公司生产的有源 RFID 智能卡作为长期用户的包年卡或包月卡，可实现持有此类卡的车辆不停车进出停车场，方便快速，卡片可循环使用，无废纸产生，利于环保且降低成本。

智能卡技术经过国家无线电委员会认证，读取距离远、辐射小（最大发射功率 0 dB），对人体不会造成影响。

智能卡信号可有效穿透车体，被远距离读卡器读取，避免因车膜造成的信号屏蔽现象发生。

系统硬件设备质量可靠，结实耐用，使用简单方便。

对于单进单出的停车场而言，只需在出口处设置人工岗亭即可，节省了人力成本，提高了工作效率。

采用本系统可实现提前收取停车费用，防止了拒交停车费用的情况发生。

系统提升了管理水平和停车场的安全性，可以吸引更多的车主选择停放车辆。

系统可接受时租卡、月票卡、储值卡及特殊卡，还可以处理免费票、丢失票的情况。

在所有的关键位置（包括机械、电气、硬件、软件及报表等）都设有安全措施，以确保停车场的营业收入安全。

各站点都通过 RS-422 工业标准网络联结管理中心；各站点设有可靠的单片

机,可保证即使管理中心出现故障,它们也能独立工作。

模块化的结构,利用标准的可更换的电子部件,很容易进行系统的升级与扩充,从而减少维护费用。

功能强大的、可靠的中央管理中心可以监控所有的远端站点;完善的数据库管理及各种报表的产生。

在入口和出口设有微机控制的出卡机和读卡机,并由全字库LED中英文显示屏显示相关信息。

采用高速摄像监控,实时记录车型和车牌,进行车辆出入对比,有效地防止盗车行为,保障了停车场管理人员和车主的利益。

管理中心、收费处使用的软件都是基于当前最新的Microsoft Windows软件开发的,并采用大型Microsoft SQL Server 2000数据库,具有兼容性强、界面友好、易于操作等特点。

系统软件具备完善的财务监控和统计报表,有效地堵住了资金的流失和财务上的漏洞。

收费处设备可以集成在管理中心,即管理中心兼有人工收款功能。

主控中心可通过网络实时查询财务报表。控制电脑系统具备联网功能,驾驶员持卡可在同区域的任一停车场停车,而不用重新登记。主控中心可获取任一停车场的车场资料及收费资料。

4)系统组成

整个智能停车场进出管理系统分为道闸管理系统、智能卡识别系统、视频系统、语音系统和LED显示系统以及后台管理系统。系统架构、系统结构拓扑如图12-1、图12-2所示。

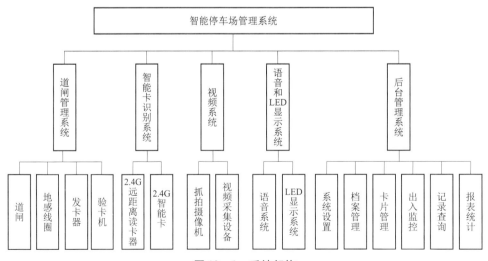

图12-1 系统架构

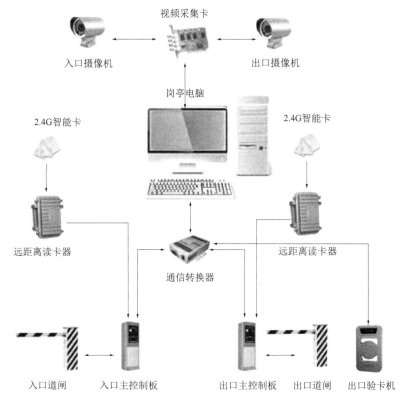

图 12-2 系统结构拓扑

2. 道闸管理系统

道闸管理系统分为入口发卡机、出口验卡机、道闸、地感线圈。

1）入口发卡机

入口发卡机需要与地感线圈配合工作，当车辆到达停车场入口时，车主需按红色按钮取用临时停车卡，此卡为一次性使用，在车辆驶出停车场时，车主需要凭卡在出口处缴费。入口发卡机采用冷轧钢板外壳，表面喷涂静电粉末，防水、防锈、防撞，外型美观。

2）出口验卡机

出口验卡机和环形地感线圈配合起来工作。

当出场车辆压在地感线圈上时，车辆感应器被触发，同时启动天线工作。月卡车主持卡在天线 10 cm 范围以内，出示卡片，天线即可读取卡片资料，并将资料送给感应处理模块，再传给电脑处理。否则不读卡。

采用冷轧镀锌钢板外壳，表面喷涂静电粉末，防水、防锈、防撞，外型美观。

3）道闸

道闸可通过手动和无线遥控进行"升""降""停"的操作。

可手动进行"加锁""解锁",当出现停电状况时,道闸将自动解锁,默认手动控制。

4)地感线圈

苏州易寻传感网络科技有限公司在出入口处均设置了 2 道地感线圈,同时设置车辆检测器,具备车过自动落闸,防落闸、车辆冲闸自动抬杆的功能。

3. 智能卡识别系统

在入口和出口处各安装一台 2.4G 远距离读卡器,并给包月、包年、需要长期停放的车辆发放一张 2.4G RFID 智能卡,实现车辆不停车直接出入停车场。需要包年或包月的车主可去停车场管理中心或物业处办理业务,签订租赁协议后充值并领取智能卡,管理员可对智能卡设置有效期,接近有效期时,系统将主动提示,管理方可联系车主办理车位续租手续。智能读卡系统工作图如图 12-3 所示。

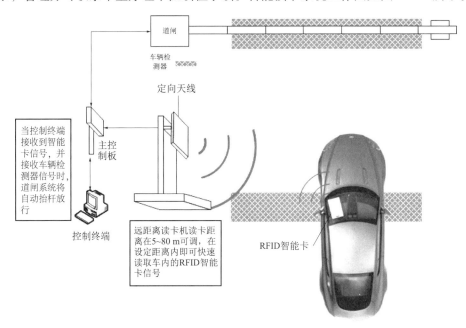

图 12-3 智能读卡系统工作图

根据目前的格局,停车场分为单进单出的停车场和双向进出的停车场。

1)单进单出的停车场

针对单进单出的停车场,在入口处设置两道地感线圈,出口处设置一道地感线圈,车辆进出车库的流程如图 12-4~图 12-6 所示。

2)双向进出的停车场

针对临时停放的车辆可参考单进单出的临时车进出流程。与单进单出停车场不同的是,在双向进出的停车场进出口分别铺设 3 道地感线圈,所需设备如图 12-7 所示。

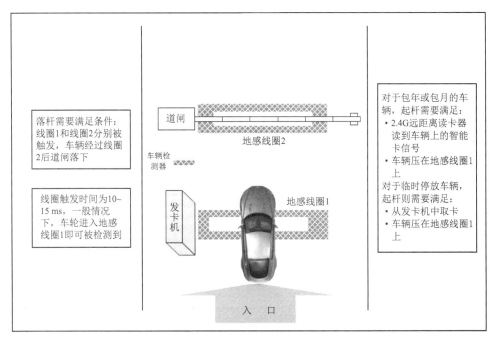

图 12-4　入口道闸管理系统

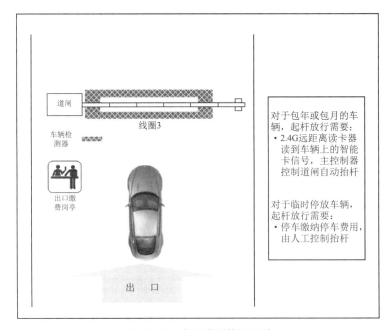

图 12-5　出口道闸管理系统

在出入口处，2.4G 远距离读卡器读取车上的智能卡信号，当车辆经过线圈 3 和线圈 2 时，主控系统判断来车方向，当车辆到达线圈 2 时，车辆不必停车刷

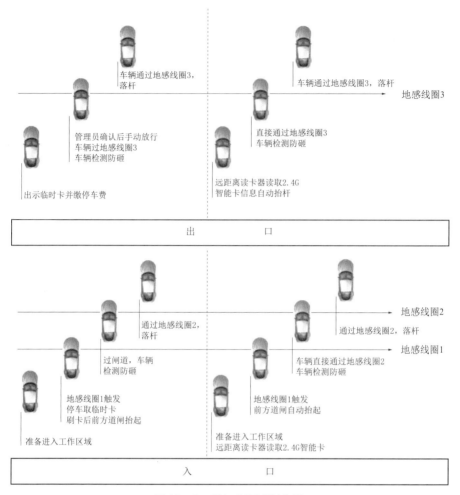

图 12-6　出入实际过程分析

卡，道闸自动开启放行，如图 12-8 所示。

4. 视频系统

视频系统包括抓拍摄像机和视频采集设备，通过视频监控和电脑多媒体技术，来记录、核对出入车辆的车型和车牌号，配合 IC 停车卡和 RFID 智能卡，以保证停车场内车辆的安全。同时，可配合图像识别技术自动识别车辆车牌号和车型。

摄像机实时监视停车场的出入口，控制室内的管理人员可监视车的出入情况。

持有临时卡的车辆进场时，在进入摄像机监视范围内触发信号，电脑将图像存储固定并记录下来，存储的图像可清晰识别车辆颜色、车型和车牌号，连同 IC 卡的卡号一同存储下来。车辆出场时，通过感应天线读取 IC 卡的卡号，并通过卡号将存储在数据库中入场的图像资料取出，由管理员通过出入场的图像来核对是否同一辆车。如出入图像中的车辆车型、颜色和车牌号不同，管理员将拦截出

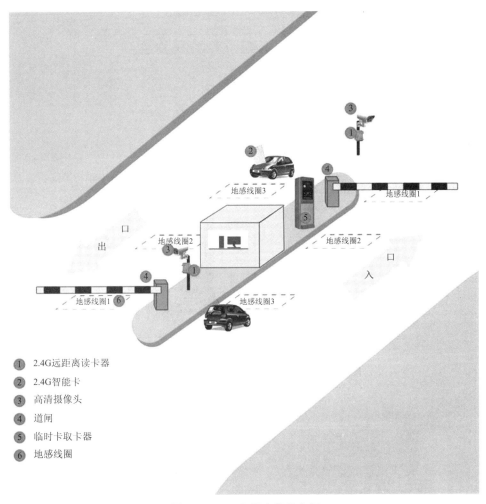

图 12 - 7 双向进出的停车场

场的车辆并核查；如相同，则放行并将车辆的资料记录、存储下来。

持有年卡或月卡的车辆进出场时，无须刷卡，摄像机自动记录车辆的颜色、车型和车牌号，车辆可以不用停车直接进出停车场，方便快捷。摄像机拍摄查询图如图 12 - 9 所示。摄像机拍摄流程图如图 12 - 10 所示。

5. 语音系统和 LED 显示系统

语音系统由停车场控制板直接控制，不受电脑开机影响，语音音量可通过语音板上可调节电阻进行调节，声音响亮清晰。

LED 显示屏内含美国标准 ASCII 码 16 × 8 点阵库及中华人民共和国国标全部图形字符 16 × 16 简体或繁体点阵库，亦可根据用户要求增加特殊图案。

采用标准串口及标准中文内码操作，可作反白、闪烁、左移、上移、循环等显示。

184 | 物联网技术在城市智慧停车中的应用研究

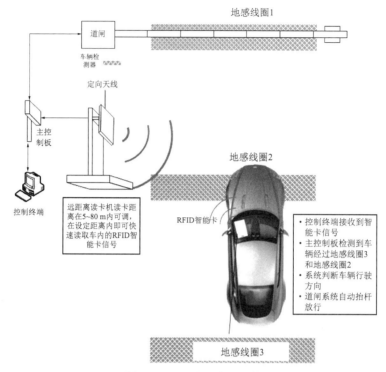

图 12-8 双向进出门设备

图 12-9 摄像机拍摄查询图

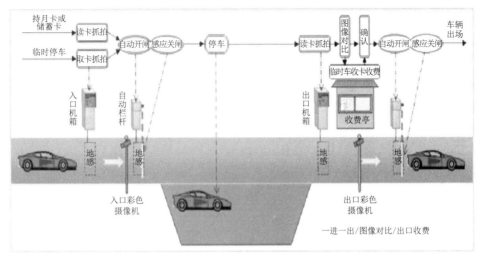

图 12-10　摄像机拍摄流程图

采用 $\varPhi$5.0 mm/3.0 mm/2.0 mm 红色或绿色超高亮或特高亮 LED 管芯实现 7.6 mm/4.0 mm/2.5 mm 点距点阵显示，适合户外使用。

采用 $\varPhi$5.0 mm/3.0 mm/2.0 mm 红色或绿色高亮或超高亮 LED16×16 模块实现 7.6 mm/4.0 mm/2.5 mm 点距点阵显示，适合室内使用。

采用专门设计的储存驱动晶片及表面邦定工艺实现紧凑化设计。

采用特殊设计消除对其他电气设备的干扰，适合各种收费系统。

6. 后台管理系统

系统软件是基于 Windows98 + Windows2000 平台开发而成的图形化中文版应用程序，采用稳定可靠的大型数据库软件 Microsoft SQL Server 7.0 或 Microsoft SQL Server 2000。界面友好，操作简单，功能完善。主要包括系统登录、系统设置、档案管理、卡片管理、出入监控、记录查询、报表统计等模块。后台管理软件界面如图 12-11 所示。

系统采用先进的计算机网络技术，数据传输实时快速可靠，读卡响应速度快，车辆出入迅速。系统根据车辆出入停车场的时间，自动计算停车费用，可支持多达四种类别车辆的不同收费标准的收费。

12.3　系统功能

1. 系统登录

系统登录模块除具有系统登录功能外，还具有操作员工作交接确认功能，如图 12-12 所示。便于对工作人员工作的有效管理，对操作员工作上的纰漏可以做到追根溯源，查找相应的责任人。

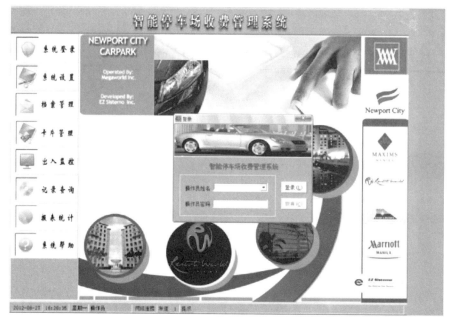

图 12－11　后台管理软件界面

进入操作员交接班菜单，操作员清点剩余的卡片和所收的停车金额，填入接班人姓名、接收临时卡数量、实交临时卡数量、实交停车费金额，并核查接收、发出、收回、剩余、实交卡片数量和实交停车费用等数据，无误后按"交班"按钮完成交接班，并支持数据打印。

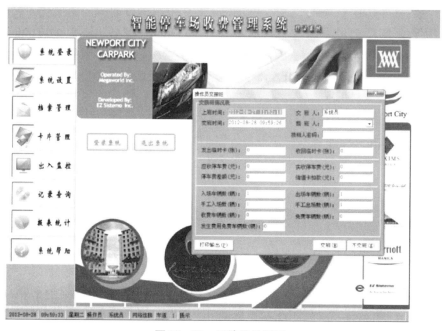

图 12－12　系统登录界面

2. 系统设置

此模块可提供操作员密码修改、系统各参数设置、收费标准设定、数据维护等系统维护功能。

1) 参数设置

此子模块提供客户名称、停车场总车位数、车类名称、储值卡最少余额、图像和记录保留天数、删除图像时间等参数设置功能，如图 12-13 所示。

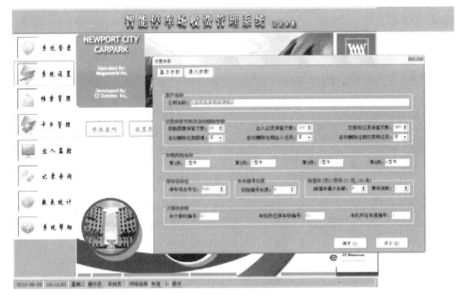

图 12-13 参数设置系统界面

2) 数据维护

可删除指定日期前的车辆抓拍图像及出入记录、备份抓拍图像和数据到指定的目录、清除回收卡的历史记录、清除挂失卡的历史记录等，如图 12-14 所示。

3) 设置收费

系统支持三种收费类别、四类车型的收费标准，如图 12-15 所示。

3. 档案管理

可对系统权限组、系统操作员及停车场档案进行管理，如图 12-16 所示。

4. 卡片管理

对年卡、月卡、临时卡进行授权、维护等功能操作，分为卡片检测、卡片发行、卡片延期、卡片充值、卡片挂失、卡片恢复、卡片更换、卡片回收、卡片存档等功能，如图 12-17 所示。

5. 出入监控

出入管理为系统的主要部分，可以实时监测停车场停车位的数量、统计车辆在车库的停留时间，对于临时卡可自动进行费用计算，如图 12-18 所示。

临时卡车出场：当临时卡车出场时，司机出示临时卡，系统读卡后判断是否

物联网技术在城市智慧停车中的应用研究

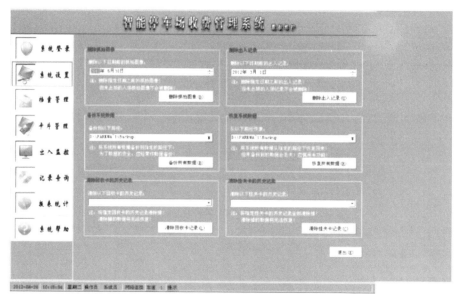

图 12-14 数据维护系统界面

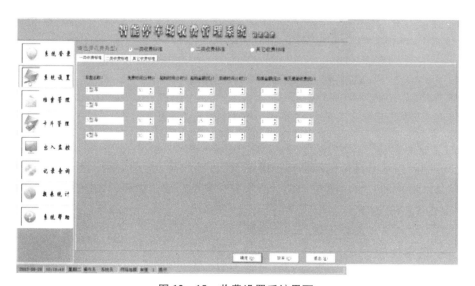

图 12-15 收费设置系统界面

有效,并自动计算停车费用。如临时卡非法,则不予放行;若卡有效,系统自动调出入场抓拍图像,等待操作员对比出入场图像,收取停车者的停车费用,并收回临时卡。操作员确认后按"确定"按钮,系统抓拍出场图像,存储出场记录,自动开启道闸,并做语音提示。驾驶员开车离开停车场,道闸自动落下。按"放弃"按钮不予放行车辆。

年卡、月票卡车出场:当月票卡车出场时,系统读卡判断有效后,系统自动放行,并做语音提示。司机开车离开停车场,道闸自动落下。若月票卡或年卡到

图 12-16　档案管理系统界面

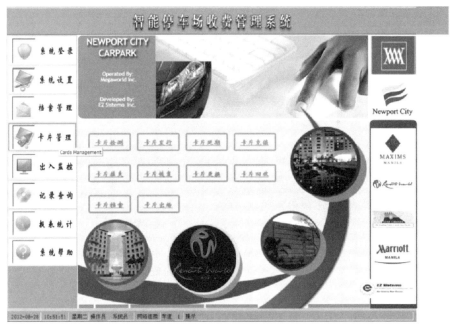

图 12-17　卡片管理系统界面

期，系统将不予放行，车主需在出口处缴费，管理员按"确认"按钮后可以放行。

6. 记录查询

提供车辆的入场记录和抓拍图像、车辆的出场记录和抓拍图像、卡片使用记录等功能。用户可灵活输入查询条件，查询出满足条件的记录。"记录"包含六

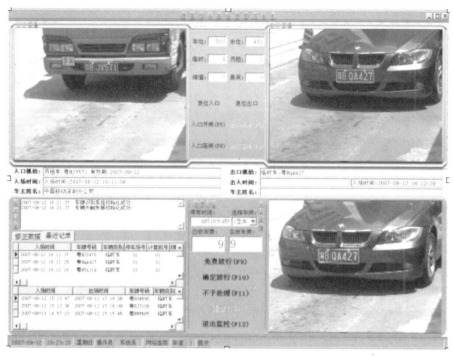

图 12-18　出入监控系统

个子功能模块：入场记录、出场记录、卡片记录、场内停车状况、操作员交接班记录和操作员值班流水账，如图 12-19 所示。

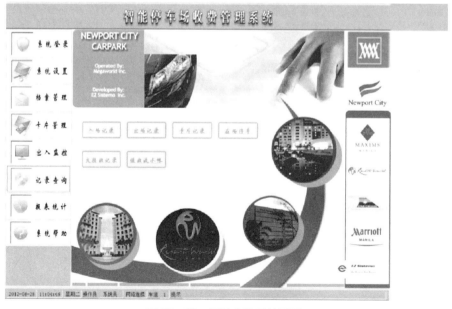

图 12-19　记录查询系统界面

7. 报表统计

对入场车辆的流量按日、月、年进行分卡类、分车类统计,并输出入场车流量统计报表;对出场车辆的流量按日、月、年进行分卡类、分车类统计,并输出出场车流量统计报表;对操作员收取的停车费按操作员、日、月、年进行分类统计,并输出收费统计报表,如图12-20所示。

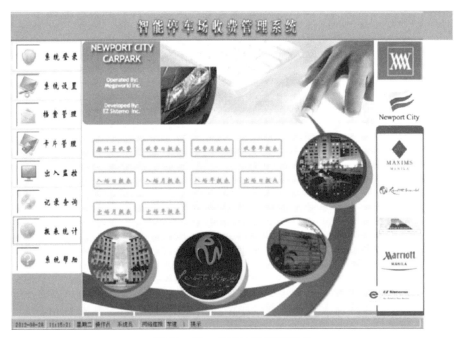

图12-20 报表统计系统界面

参 考 文 献

[1] 黄烈一,杨浩天.智能停车服务系统开发设计[J].智能城市,2017(2).

[2] 藏瑾.掘金互联网+智能停车厂商圈地"大跃进"[J].中国中小企业,2015(12).

[3] 李扬威,焦朋朋,杜林.城市智能停车管理系统研究[J].交通信息与安全,2014(4).

[4] 何军.物联时代如何玩转智慧停车[J].智能建筑,2016(1).

[5] 冯淑媛,李阳生.智能停车管理系统建设方案和发展对策[J].中国建设信息化,2016(10).

[6] 武震,高正伟.城市道路车辆智能寻泊与计费系统设计[J].智能城市,2016(9).

[7] 阿桂.智慧民生:从单向推送转向多方互动[J].中国建设信息,2015(13).

[8] 马亚平.抢滩新三板 道尔智控发力智慧停车——访深圳市道尔智控科技股份有限公司总经理王志刚[J].中国安防,2015(18).

[9] 肖潇.捷顺科技:用"+互联网"思维打造智慧社区、智慧停车服务平台——访深圳市捷顺科技实业股份有限公司总经理赵勇[J].中国安防,2015(20).

[10] 刘宪.城市公共停车与智慧交通的一体化解决方案[J],中国信息界,2014(5).

[11] 洪桂香.智慧停车如何缓解停车难[J].中国公共安全,2016(10).

[12] 辛妍.智慧城市系列之智慧停车[J].新经济导刊,2016(3).

[13] 胡环宇.用"工匠精神"做停车管理[J].中国物业管理,2016(8).

[14] 江文静.自管与托管:停车管理风险面面观[J].中国物业管理,2005(6).

[15] 刘惠娟,甘宇泉,潇琦.新规定出台7月1日开始执行小区停车管理问题亟待整顿[J].北京房地产,2004(7).

[16] 蒋瑶.公共管理视角下的城市停车管理问题——以郑州市为例[J].时代金融,2012(9).

[17] 史剑.我对当前小区内停车管理的理解[J].中国物业管理,2006(5).

[18] 董映雪,荆兰竹.关注停车管理提升物业价值[J].城市开发,2006

（6）.

［19］汪广丰. 缓解停车难需精准施策［J］. 城乡建设，2018（3）.

［20］张波. 何以缓解停车难？［J］. 公民导刊，2012（7）.

［21］李阳生. 互联网＋大都市中心区停车管理的创新机遇［J］. 中国建设信息化，2016（01）.

［22］王华安. 互联网＋智慧停车市场竞争态势加剧［J］. 中国公共安全，2016（18）.

［23］李佳师. 智慧停车要跨两道门槛［N］. 中国电子报，2015－01－16（10）.

［24］潘未末，徐兴东. 深圳创新路边停车管理模式成全国范例［N］. 深圳特区报，2015－04－21（A11）.

［25］秦千桥，肖国庆. 武汉推出智慧停车平台［N］. 人民公安报·交通安全周刊，2015－05－15（001）.

［26］谢苗枫，韩林莹. "智慧停车"的破局期待［N］. 南方日报，2015－09－29（A05）.

［27］童芬芬. "智慧停车"或破解停车难［N］. 中华工商时报，2015－11－09（4）.

［28］徐晨光. 智能停车的两大发展主线［N］. 中国交通报，2014－04－09（7）.

［29］鲍健. APP引领停车大市场［N］. 中国交通报，2014－07－16（7）.

［30］陈岩. 用"智慧"破解停车难［N］. 湖北日报，2013－03－20（5）.

［31］高斌，万俊梅. 武汉：智慧停车有市场 联网支付待实现［N］. 中国交通报，2013－07－05（6）.

［32］王强. 智能停车管理系统的设计与实现［D］. 北京交通大学，2016.

［33］魏聪. A公司智慧停车业务发展战略研究［D］. 华侨大学，2016.

［34］胡贵龙. 智能停车系统用户体验设计研究［D］. 北京服装学院，2017.

［35］宋俊. 城市私家车位动态共享停放匹配算法及决策支持系统研究［D］. 西南交通大学，2016.

［36］李斌. "慧出行"智慧停车平台商业计划书［D］. 兰州大学，2016.